朝日新書
Asahi Shinsho 322

奇跡の災害ボランティア「石巻モデル」

中原一歩

朝日新聞出版

まえがき

「おばんです」

カーペット敷きの床にあぐらをかいた伊藤秀樹会長（48）のあいさつで、今日も会議が始まった。色とりどりのパーカーやフリースを着た老若男女、およそ100人が、伊藤と向き合う格好で腰をおろし、20畳ほどのスペースはぎゅうぎゅう詰めだ。

彼らは全国から集まった災害ボランティアである。

「今日は泥出しを7カ所で完了、継続は4件です」

「避難所で髪のカット30人、顔剃《かおそ》り15人です」

各団体からの報告が、ホワイトボードに次々と書き込まれてゆく。時折、「おー」という歓声や拍手が湧き、時間の経過と共にその場は熱気を帯びてくる。

「今日、炊き出しをした避難所で、髪を切ってほしいという人が何人かいました」

そんな部門横断的な情報が出ると、伊藤が取り次ぐ。

「リラクゼーションチーム、なんとかならない?」

「明日行きます」

午後7時の開始から45分後、報告が途切れたのを見計らって伊藤が正座に直ると、その場にいる全員が倣《なら》う。

「今日も一日、お疲れさまでした。明日もがんばりましょう!」

伊藤の掛け声に合わせて全員が手締めを行い、集まったボランティアは作業別の分科会に分かれて賑《にぎ》やかなミーティングの開始となった。

これは、東日本大震災発生直後から今日(9月15日)に至るまで、宮城県石巻市にある「石巻専修大学」の一室で連夜繰り返されている「石巻災害復興支援協議会」の会議風景の一幕だ。

日本各地から集まったおよそ100団体のリーダーたちが参加するこの会議は、石巻市における災害ボランティアの総司令部であり、後に同組織が「奇跡のボランティア集団」と呼ばれる原動力にもなった。

この会議を中心にして、石巻だけで震災発生から6カ月間でのべ10万人を超えるボランティアが組織された。被災県全体で同じ期間に活動したボランティアの総数がのべ68万6千8百人（内閣府発表）であることからしても、石巻が突出していることが分かる。

なぜ、これだけ多くのボランティアが組織できたのだろうか――。

私は週刊誌『AERA』の派遣記者のひとりとして、大震災発生直後から石巻市に入って取材を続けていた。当時、巨大津波によって機能麻痺を起こしていた太平洋沿岸部では、災害ボランティアの受け入れに前向きな姿勢を示す自治体はなかった。

そんな中、石巻だけは一貫してボランティアの必要性を訴え、早急にその派遣と受け入れのための独自の準備を開始していた。

私はその取り組みを最初の段階から取材し、5月23日号の『AERA』に「ボランティアの理想と現実　熱意を形にする仕組み」と題して編集部のもうひとりの記者と共に6ページの記事を書いた。

その中で、この石巻がめざす仕組みは、今後の日本における災害ボランティアの新たな雛形となり得るのではないかと考え、「石巻モデル」という名称をつけて紹介した。

取材者としての私の目に新鮮に映ったのは、ボランティアが行政関係者と対等な立場で被災地の課題と向き合い、本来ならば行政が行うべきサービスを、ときに行政以上のクオリティーと迅速さで行っている光景だった。

そもそも、私自身「ボランティア」という存在について、その活動の意義は認めながらも、非常に曖昧《あいまい》で実態の把握できないものだと認識していた。

「自発的な活動」「社会貢献の一環」「無報酬の善意」「自分探し」――。

1995年1月17日に発生した阪神大震災の被災地は、全国から集まったボランティアの「聖地」と呼ばれた。被災して困っている人の手助けになりたいと全国から若者が殺到した一方で、一部の「自称ボランティア」と呼ばれる人々が理由なく被災地に滞在し、残り少ない被災者用の食糧や飲料水をあさるなど「迷惑ボランティア」として社会問題となった。

つまり、災害ボランティアという総称は、あくまで「善意」と「任意」の下に集まった個人の集合体であり、被災地における社会的立場や責任所在が不明確なのである。揚げ句の果てには「自己責任」「自己完結」が免罪符として用いられ、ボランティアの「行動」に対してその「責任」は常に曖昧にされてきた。

また、マスコミが再三にわたってボランティアの「善意」の部分だけを抽出して取り上げてきたことで、日本社会におけるボランティア像は、「美談」に代表される薄っぺらな

「ヒューマニズム」でしか語ることができなくなったのも事実である。

これまで、日本社会にはそれぞれの町に「自治会」「消防団」「町内会」など、その土地と強固に結びついた「相互扶助」の関係があった。そして、この土着の人間同士のつながりが、自然災害などの有事には地域の安全保障の役割を果たしてきた。

しかし、そんな地域に根ざした人間の安全保障はいまや日本中で消滅しようとしている。その一方で頻発する地震や台風、集中豪雨などの自然災害――。

いったい誰が私たちを助けてくれるのだろうか。

今回の東日本大震災では、その「誰」は日本全国から集まったボランティアであった。その土地になんの縁もゆかりもない人々が、時間も体力も無償で提供したいと次々に被災地へと向かった。

地震発生直後から、石巻では町の至るところで青いゼッケンをつけたボランティアの一団が、強烈な悪臭を放つヘドロを手作業で回収していた。余震の続く厳寒の過酷な環境に文句ひとつ言わず、「他人」のために黙々と作業する彼らの姿は感動的ですらあった。

しかし、彼らの「顔」はなかなか見えづらい。いったい誰がどのようにしてボランティアを集約し機能させたのか。その仕組みは一体どうなっているのか。

私はこの本のために、石巻市はどうやってボランティアを受け入れたのか、そして、具体的にどんな成果をあげたのか、その2点に絞って取材を試みた。

したがって、これまで数多く出版されてきたボランティア本にあるような、その心構えや崇高な精神論などにはほとんど触れていない。

その時、石巻の誰がどんな決断をし、どのようにボランティアを受け入れたのか。そこにはどんな葛藤や矛盾があったのか。なるべく具体的に記したつもりである。

地震列島と呼ばれる日本に暮らす以上、いつあなたがこの葛藤や矛盾の当事者にならないとも限らない。

まずはそのことを念頭においてこの本を読み進めていただけたら幸いである。

なお、本文中の年齢・肩書は取材時のままとした。また、敬称を省略させていただいた。ご了承いただきたい。

奇跡の災害ボランティア「石巻モデル」　目次

※本文中の写真でクレジット表記のないものは朝日新聞社提供

第1章　「水の都」が消えた日

〈本書関連地図〉

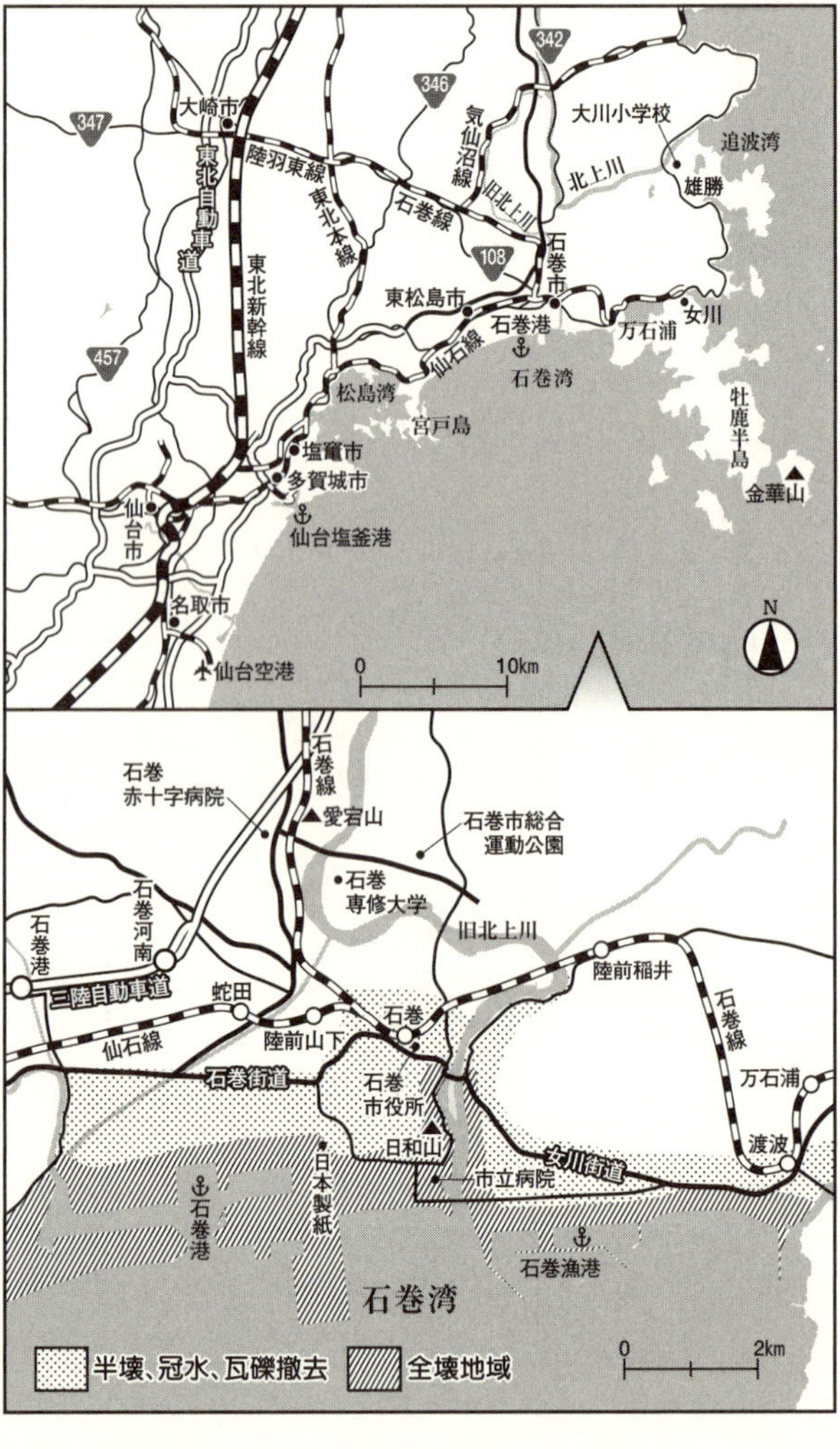

342
346
347
108
457
大崎市
陸羽東線
東北自動車道
東北新幹線
東北本線
気仙沼線
旧北上川
北上川
大川小学校
追波湾
雄勝
石巻線
石巻市
東松島市
石巻港
女川
万石浦
仙石線
石巻湾
松島湾
宮戸島
牡鹿半島
金華山
塩竈市
多賀城市
仙台市
仙台塩釜港
名取市
仙台空港
N
0
10km
石巻赤十字病院
愛宕山
石巻市総合運動公園
石巻専修大学
旧北上川
石巻河南
石巻港
三陸自動車道
蛇田
陸前稲井
仙石線
陸前山下
石巻
石巻街道
石巻市役所
日和山
日本製紙
市立病院
女川街道
万石浦
渡波
石巻漁港
石巻湾
半壊、冠水、瓦礫撤去
全壊地域
0
2km

「水の都」石巻

5年前に初めて石巻を訪ねた時、牡鹿《おしか》半島を挟んで海の色がくっきりと二つに分かれていることに驚いた。内海に当たる「石巻湾」は穏やかな紫紺色の海。外海と呼ばれる「太平洋」はインク瓶《びん》からこぼれ落ちたように深いマリンブルー。

石巻湾の沿岸を車で走ると、この海が「近代の海」であることが分かる。総延長2キロにもおよぶ水揚げ岸壁を備えた漁港、世界最先端の冷凍技術を持った水産加工施設、印刷用紙の単独工場としては世界トップクラスの生産能力を誇る日本製紙株式会社などがある臨海工業地帯……。

人間の手で海とその周辺を開拓し、産業を育《はぐく》む舞台へと変えてきた日本の近代化の歴史を、そのまま石巻湾に垣間見ることができる。

一方、暖流と寒流がぶつかり合う三陸沖を有する太平洋側は、昔ながらの「漁師の海」である。右へ左へと緩やかなカーブを描く山道を岬の先端に向かって進むと、山懐《やまふところ》に抱かれた静かな漁村がいくつも点在していた。

男たちは、そんな船の係留に最適なリアス式海岸の最奥部にある漁港から船を出し、季節ごとに回遊してくるカツオやサバ、時にはマグロといった大物を狙って沖へ出る。三陸の漁師にとってまさに生活の糧《かて》を生む海がそこにある。

この性格の違う二つの海には、いずれも「北上川」が流れ込んでいる。

東北に住む人々は北上川を「母なる大河」と呼び、畏敬の念を抱いてやまない。

岩手県北部の岩手町にその源を発し、北上山地や奥羽山脈などから流れ込む大小いくつもの支川を束ね、岩手県、宮城県を南へ縦断するこの大河の上流域には、世界文化遺産に登録された「奥州平泉」がある。

総延長250キロにも及ぶ北上川の流域は、肥沃《ひよく》な穀倉地帯として全国的に知られている。

江戸時代初頭、徳川幕府はこれら東北産の米を北上川の水運を使って計画的に集めて回航するよう時の藩主、独眼竜の異名を持つ伊達政宗に命じる。これを北上水運と呼ぶが、その妨げとなったのが河口の位置であった。

地図を見ると分かるが、北上川の本流は太平洋の追波《おっぱ》湾へと注ぎ込んでいる。

しかし、この地域は一年を通じて波浪が高く、江戸方面へと船で航行する場合、難所として知られる金華山沖を通過しなければならない。金華山沖は現在も船舶事故が多発し船乗りに恐れられている。1927（昭和2）年には、暴風雨に遭遇した鹿児島県立商船水産学校の練習船「霧島丸」が沈没し、乗組員および生徒計53人が全員死亡するという惨事も発生している。

そこで、伊達政宗は河川改修に精通していた川村孫兵衛重吉を近江国（現在の滋賀県）から招聘《しょうへい》し、3年にも及ぶ大事業の末に北上川本流に通じる新川を開削した。そして誕生したのが、石巻湾へと通じる現在の旧北上川である。

当初、石巻湾へと通じる河川は「新北上川」と呼ばれていたが、昭和になって再び行われた新川開削事業の結果、「旧北上川」という現在の名称となった。旧北上川の河口に架かる日吉大橋のたもとに、当時の石巻港の面影を残す岸壁がある。

こうして石巻は、岩手にまで及ぶ東北大動脈の拠点として発展を遂げる。北上水運によって運びだされた米は、千石船と呼ばれる交易船で江戸へと運搬された。つまり、石巻は河川交通と海運の結節点でもあり、東北と江戸を結ぶ文明の交差点でもあった。当時、一年間に運びだされた米は20万石（およそ3万トン）にも達したと言われている。

いずれにしろ、首都・東京の台所を東北が支えているのは今も昔も変わりない。

しかし、明治維新と共に急速に押し寄せた近代化の波は、物流インフラを船から鉄道へと大きく変貌させた。そして、1891（明治24）年の東北本線の全線開通を機に、北上水運は長きにわたるその役割に終止符を打ち、石巻に代わって内陸鉄道との結びつきを強めた「仙台塩釜港」が近代工業港として発展を遂げる。

一方、石巻も日本の漁業技術の発達と共に、水産業や水産加工業の拠点として、世界三大漁場である三陸沖を抱える日本有数の漁港として成長した。近年はホタテや牡蠣《かき》などの養殖業が世界の注目をも集めるようになった。

この「二つの海」と「二つの河川」を舞台に、石巻の人々は遙か昔から「水」と折り合いをつけながら生活を送ってきた。

同じ宮城県でも仙台は「杜《もり》の都」、石巻は「水の都」と呼ばれる。

現在の「石巻市」は2005年、平成の市町村合併によって周辺5町と、牡鹿半島の1町が合併して誕生した人口16万2千人の新しい市でもある。

しかし、ここまでの記述のほとんどは過去のものとなってしまった。

2011年3月11日14時46分——。

牡鹿半島沖東南東約130キロの海底を震源としたマグニチュード9・0の大地震。そして、太平洋沿岸を襲った大津波は容赦なく「水の都」を呑み込んだ。

市内にある大小44の港は全て被災し、200社ほどあった水産加工場は全滅した。市の13・2％の面積が水に浸され、中心街はほぼ全域が濁水に覆われた。

石巻が消えた

旧北上川のほとりに「日和山《ひより》」と呼ばれる標高56・4メートルの小高い山がある。

石巻市街地を眼下に望み、晴れた日には太平洋、牡鹿半島の海岸線までを一望できるビューポイントだ。あの日、マグニチュード9・0の激震の直後、この山へと続く400段もの石段を駆け上って避難した数百人は、巨大津波の襲来の一部始終を目撃した。

15時13分。大津波警報を知らせるサイレンが鳴り響く中、横殴りの吹雪にかすむ太平洋の「色」が変わったという。日和山の山頂で「かざみどり」という喫茶店を営む男性は、当時の様子をこう振り返った。

「ゴーッというものすごい地鳴りと共に、コールタールのような『暗黒色』のヘドロ水が町を呑み込みました。海風に乗って、死臭のような生臭い臭《にお》いが辺り一面に漂いました」

旧北上川に架かる日和大橋が水面から3分の2以上の高さまで濁流に呑まれた。橋脚の

旧北上川・河口近くの中瀬地区。白い丸屋根は「石ノ森萬画館」＝2011年３月19日

高さが水面から18メートルということを考えても津波の凄まじさが分かる。

「南浜町」「門脇町」と呼ばれる沿岸部の家屋や水産加工場群は、一瞬のうちに津波に押し流された。日和山へと続く高台へ車で避難しようとした人々の車列にも津波は容赦なく襲いかかった。車はあっという間に波に呑まれたかと思うと、流されたもう一台の車とぶつかって大破、大きな爆発音をあげて炎上した。

津波は目の前を流れる旧北上川を猛烈なスピードで逆流した。「中瀬《なかぜ》」と呼ばれる細長い三角州は、石巻のシンボル「石ノ森章太郎ふるさと記念館」だけを残して消滅した。中州の土壌は津波によって深くえぐり取られ、見るも無残な姿に変貌した。

津波は日和山の斜面に2度、3度ぶつかり、その後、何度もやって来たという。逃げ惑う人々の悲鳴が止んだのは夜半過ぎ。わずか数時間前まで目の前にあった「街」は消え、そこには静寂をたたえた「湖面」が広がっていた。海中に引きずり込まれた車のヘッドライトが水面を照らし出し、やがて生き絶えたかのようにプッツリと消えた。

人口16万2千人の石巻市の「記憶」はあの時を境に消えた。

被災地にたどり着いてから2週間後、石巻入りをした私が最初に訪れたのも「日和山」だった。山頂の鹿島御児《かしまみこ》神社の境内にはボランティアのテントがあり、水や食糧、物資の配布にスタッフが慌ただしく走り回っていた。すでに震災から15日以上が経過していたが、山頂付近では行方不明の肉親や友人を探す大勢の人に遭遇した。

津波は沿岸部だけでなく、内陸部をも襲ったと聞いて夜、車で石巻市役所をめざした。石巻の中心街を通ったのだが、信号はおろか街灯、生活の灯、光という光が何もない。まさに「無人の町」と化していた。

おそらく、沿岸漁業の船であろう。巨大な漁船が陸に打ち上げられ大破していた。

「娘は生きています!」


石巻市役所は、JR石巻駅の正面にあった。地上6階建ての元百貨店の空きビルを借り上げ、昨年リニューアルしたものだという。庁舎の1階部分にはスーパーマーケットやフラワーショップ、喫茶スペースが併設され、市民の憩いの場所だった。

シャッターが閉め切られた薄暗いロビーに目を凝らすと、憔悴《しょうすい》した表情の200人を超える人々が列を作っていた。エレベーター、エスカレーターは完全に停止。罹災《りさい》証明の発行など、市民生活に必要な各種手続きを受けるためには、窓口へと続く薄暗い階段を自力で昇降しなければならない。これまでにいったい何人が行き来したのだろうか、併設された階段の手すり部分だけが、人の手垢で艶《つや》ぶきしたような不気味な光沢を放っている。

朝から半日以上も順番を待っているという老夫婦が、ようやくその手すりを伝って2階ロビーへと上っていった。が、最後の階段を上り切ったところで、二人ともその場に突っ伏してしまった。その先には、まだ200人を超える行列があったのである。私はその一部始終を見ていたのだが、明らかに市役所内は混乱し、人々は殺気立っていた。

隣では、「臨床心理士」と書かれた青い作業着の一団が、取り乱した若い母親らしき女性の介抱に当たっている。女性は何かに取りつかれたように同じ言葉を繰り返す。

「探さないでください。娘はまだ生きていますから」

津波でわが子を失ったこの30代の女性は、子どもは遺体になどなっていないのだからと訴えていたのだ。やがて家族に両肩を抱かれる格好で「死亡届」を受理する窓口の最後尾に並んだ。

まだ何か言いたげな女性を遮るように、誘導に当たる職員の機械的な声が館内に響く。

宮城県石巻市の市役所は騒然とした空気に包まれていた。

私は石巻の被害状況を知る上でも、石巻市役所の職員があの日をどのように迎えたのか調べようと思った。そして、市長にインタビューを申し込むと同時に、膨大な作業に追われる職員を捕まえては片っ端からインタビューを試みたのである。そこで浮き彫りになったのは、16万2千人の市民を抱え行政機能を失った地方自治体の姿だった。

二つの対策本部

地震発生当時、市役所にはおよそ200人の職員がいたという。

市長である亀山紘(68)は出張で不在だった。副市長をはじめ、各部の部長など幹部が災害対策本部を立ち上げた。指揮に当たっていた防災課長・木村伸(56)は部下の緊迫し

震災から８日目、漁港近くの門脇町と南浜町。右手前は称法寺、左奥は石巻市立病院＝2011年３月19日

た報告に耳を疑ったという。

「市庁舎に津波が押し寄せています。現在、膝下まで来ていますが、このままでは市庁舎の1階は水没してしまいます」

津波が湾岸地域を襲ったことは認識していたが、海から2キロ以上内陸にある市庁舎まで津波が到達するとは思わなかった。

出張先の宮城県仙台市で被災した亀山も同様だった。

「1960年のチリ津波の経験を踏まえても、市庁舎のある駅前付近が水に浸かるとは思いませんでした」

しかし、すでに旧北上川を遡上《そじょう》した津波の第一波が市庁舎付近にまで到達していた。

今回の震災では「想定外」という言葉が免

罪符のように使われているが、それはこの町で60年以上過ごしてきた亀山にとっても偽らざる本音であった。

亀山は余震の中、仙台から55キロ離れた石巻へ悪路を急いだ。

至るところで道路に亀裂が走り、コンクリート製の電柱の基礎部分が液状化によって隆起し、電柱は斜めに傾いていた。石巻へと通じる唯一の有料道路である三陸自動車道は閉鎖されており、一般道を使って5時間をかけて石巻市の中心地に着いた。

深夜、町の至るところで救急車のサイレン音が飛び交う中、やっとの思いで市庁舎まで数百メートルのところまでたどり着いた。しかし、すでに市庁舎へ続く道は水没していた。

仕方なく亀山は、郊外に位置する石巻赤十字病院へ引き返し、そこにもうひとつの緊急対策本部を設置した。この時、市役所は完全に孤立していた。

亀山は防災無線を使って、市役所にいる副市長に連絡を試みた。

「そっちの状況を教えてくれ」

「はい、水道、電気、ガスは停止。固定電話、インターネット、携帯電話も不通です」

落ち着いてはいたが、声はかすかに震えていた。

この時、副市長をはじめ、市役所側に設置された外部との双方向の連絡を可能にする通信手段は、防災無線と衛星携帯電話が一台だけだった。また、すでに自家発電に切り替えて業務をこなしていたが、いつまで続くかは分からない不安があった。

防災無線を経由して、各所から寄せられた情報を職員らはメモにして残していた。

「鮎川浜壊滅」「ココストア前の建物で妊婦が産気付いている」「駅裏で住民が車に閉じ込められ溺れている」「工業高校に生徒800人孤立、水、食糧なし」「女川原発異常なし」

亀山は、市役所が津波によって包囲され、市民から救助の要請があっても動けない悔しさを後にこう回想した。

「救出に向かう術《すべ》がありませんでした。衛星電話があっても、連絡を取りたい相手に受信手段があるとは限らない。結局、自衛隊の到着を待つしかありませんでした」

結局、市役所庁舎は1メートル強水没した。

翌々日、亀山は釣具店で調達したカヌーに乗って登庁した。元百貨店の搬入口がスロープになっていたので、そのまま船着場の役割を果たした。

数日ぶりの市役所は変わり果てた姿だった。電気のない屋内は胸が締め上げられるほど寒かった。職員らはほとんど睡眠を取っていなかったが、亀山の顔を見て少しだけ、安堵《あんど》の表情を見せたという。

3日間の「籠城《ろうじょう》生活」

津波に包囲された「籠城生活」はおよそ3日間続いた。

当時、市役所には200人を超える一般住民も含め、およそ400人が閉じ込められていた。3月半ばとはいえ、石巻には強烈な寒波が襲来し避難者の体温を奪った。市庁舎内の電気、水道、ガスは途絶えていたため、庁舎内にあった石油ストーブをかき集め、暖を取った。それと同時に、水や食糧をどのようにして調達するのかが問題だった。しかし、ある職員の機転が避難者400人の生命をつないだ。

地震発生から1時間が経過し、屋外に避難していた職員が持ち場に戻ると、産業部次長・水野正昭(57)は来《きた》る緊急時に対応するために部下に指示を飛ばした。

「市庁舎1階のスーパーマーケットにある食糧、日用品を全て2階会議室へ上げろ。責任は持つ」

災害対策本部が立ち上がった直後で咄嗟《とっさ》の判断だったと言っていい。もちろん、水野もまさか市庁舎にまで津波が押し寄せるとは思っていなかったが、鳴り止まない大津波警報のサイレンに背中を押された格好だった。

「これから避難者も相当でるだろうと覚悟していました。緊急時はなんといっても水と食糧の確保が優先です。なるべく多くの食糧を蓄え、避難所などへ職員を派遣して届けるつもりでした」

およそ50人の職員が招集され、懐中電灯を片手にスーパーマーケットへと入った。すでに従業員は避難をしていたので、誰もいない店内には不気味な静けさが漂っていた。

まず、職員らはバケツリレー方式であらゆる食料品を運びだした。優先的に飲料水、缶詰などの保存食を運びだした。大型スーパーだったので食糧は相当量あった。また、タオルやカイロ、割り箸に紙皿などの日用品もそれに続いて運び出した。

後日、これらは全て緊急物資として市が買い取る方針だったので、ひとつひとつ慎重に検品をし、記録した。全て人海戦術である。

結局、この咄嗟の判断が後に、津波に包囲されライフラインの途絶えた市庁舎での3日間を支えた。元百貨店だったこともあり、作動こそしなかったがエスカレーターや広い階段など物資の搬出には適した環境だった。大量の買い物カゴがあったために物資の運搬、整理、検品といった一連の作業を短時間で終えることができた。これら、最初の搬入で集めた物資の量は、市庁舎の2階にある会議室を埋め尽くした。おそらく4トントラック2

台から3台分になったと推測される。

津波の第一波が市庁舎に流れ込んできたのは、撤収から30分後のことだった。

今回、東北の被災各県では、緊急時の避難場所に指定されていた学校や公民館、運動公園の体育館などに、緊急用の水や食糧などが準備されていなかったことが大きな反省点となった。そもそも、流通の大動脈である東北自動車道が寸断された上、原発事故の影響も重なり、首都圏での水や食糧の買い占めが横行したことも想定外だった。

その結果、被災地への食糧・飲料の援助が本格化したのは地震発生から1週間後のことだった。陸の孤島となった僻地や離島ではさらに事態は深刻化した。そんな中、当面の食糧と飲料水を確保できたのは、市庁舎にスーパーマーケットが併設されていたからだ。

亀山紘・石巻市長（写真／上野祥法）

しかし、時間の経過と共に災害対策本部に入ってくる情報は、想像を絶する厳しいものばかりだった。亀山は、少しでも早く水没した市庁舎から脱出し、食糧や援助物資を被災者の元へと届けたいと焦った。また、避難者の中には高齢者が多く、体調面の不良を訴える者が続出した。

「脱出用の橋を作ろう」

震災4日目の朝。

市役所の北側に位置する非常階段前には、およそ50人の職員が集まっていた。水没した市役所から脱出すべくある計画を立てたのだ。当時、波の動きはすでに止まっていたが、市役所の道路を挟んで向かい側にある商店の床上部分まで冠水している。カヌーを使って物資の搬入、搬出を計画したが効率が悪くうまくいかない。

木村防災課長が集まった職員にこう切り出した。

「市役所の南側は羽黒山に続く高台になっている。どうにか、あの高台まで続く橋を作れないだろうか」

すると、職員のひとりがあるアイデアを思いついた。

「よし、市役所にある会議机を集めよう。あれなら脚の高さが1メートル弱ある。高さが足りない場合は、コンクリートブロックか木材で足場を補おう」

すぐに市役所内にある折りたたみ式の会議机が集められた。およそ30台はあっただろうか。

会議用の机で橋を作る（写真／石巻市役所提供）

市役所側の脱出口は、山側に面した非常階段の2階部分に決まった。

産業部水産課の沢田友喜（37）など屈強な男性職員が中心となって、脱出路を作るための橋の建設が始まった。男たちは雨具の上に腰の部分までカバーする胴長を履いて水に入った。大柄な沢田の腰上まで水に浸かったから、水深はやはり1メートル強あった。

早速、事務机を投入する。しかし、机の脚の長さが足りないので、木材などコンクリートブロックを水底に噛ます。地震で側溝の蓋《ふた》が外れている場所もあり、安定した足場を探すのに苦労したが、なんとか水面すれすれに机を設置することができた。

沢田らは縦に2台の机を並べ、脚の部分を工事用のロープでそれぞれ固定した。ようやく、長さ180センチ、幅120センチの床が完成した。

産業部や建設部の若手職員を中心に作業は2時間ほど続いた。市役所の南側には、道幅およそ10メートルの国道398号が通っていたが、その国道を横断する格好で「橋」はさらに向かいの路地へと続いた。

津波が運んだ水は、市役所から国道を挟んで、路地を1本入った駐車場付近で引いていた。市役所側の脱出口からおよそ30メートル。ようやく橋が完成した。

「とにかく寒くて、膝から爪の先まで感覚が麻痺するほどでした。しかし、橋が完成して振り向くと、市役所の窓ごしに職員や避難者の安堵の表情が見えました。本当に嬉しかったですね」

沢田は青ざめた唇を噛み締めながらも、被災後初めて笑みがこぼれた。そして4日ぶりの脱出劇は、一瞬ではあったが市役所内の張り詰めた空気を和ませた。

早速、亀山の指示の下、ストーブや毛布などの防寒具が市役所内に運び込まれると共に、体調の悪化を訴える高齢者らの緊急搬送が行われた。

津波は川を駆け上った

予想通り石巻市の被害は、太平洋と石巻湾という二つの「海」、それぞれの海に注ぎ込む二つの「北上川」流域で拡大した。

震源地に最も近い牡鹿半島と、その近辺にある大小さまざまな島嶼《とうしょ》群は、石巻市で最も高齢化率が高く、震災後の避難率も最も高い地域となった。自衛隊によるヘリコプターでの救出が続き、最大時で半数以上の人々が住み慣れた町を離れた。

牡鹿半島の西側、コバルトラインを進むと、女川原子力発電所のある女川町へと入る。世界最大漁場のひとつに数えられる三陸沖に面する女川港は、宮城県内でも有数の水揚げ高を誇る。また、リアス式海岸特有の穏やかな湾内では、牡蠣、ホタテ、銀鮭などの養殖業も盛んに行われていた。

この「女川湾」にも津波はなだれ込んだ。多くの人が女川町立病院のある標高15メートルほどの高台に逃れたが、それでも病院の1階部分まで津波は浸入した。人口1万人強の町で、418人が死亡、現在も414人が行方不明である（9月15日現在）。

私は、この女川町で忘れられない光景がある。地上6階建ての鉄筋コンクリート製のビルが、基礎の部分から根こそぎ倒されているのだ。引き波で倒されたのだという。

女川町の北部には、「雄勝硯《おがつすずり》」で有名な石巻市雄勝町がある。

人口およそ4500人の静かな港町。この「雄勝町」は町そのものが津波に呑まれて消失した。昔ながらの浜辺の町らしく、海岸に沿って商店や病院、小中学校が立ち並び、夏場には多くの観光客で賑わう町もいまやその面影はひとつもない。

津波は雄勝港から3キロ近くの内陸まで遡上した。リアス式海岸は海や河川によって削られたV字型の谷と言われるが、まさにその谷の最奥部まで津波は浸入した。谷の中央には川幅1メートルの小川が流れていたが、津波はその小川に沿って谷を駆け上った。

その最上流部からは雄勝湾は見えない。周囲を広葉樹の木々に囲まれ、耳を澄ますと沢のせせらぎと山鳥の鳴き声がどこまでも響くような場所だ。雄勝では、浜辺周辺の人よりも、こうした山間部の集落で犠牲が多発した。

ひとつの町が津波に呑まれて消失した。その風景はまるで「爆心地」であった。

牡鹿半島、女川町、雄勝町——。

海と里、町と港が折り重なるようにして、人々の生活の糧を育む「浜」の風景を生む。

海洋民族としての日本人、その原風景となるような浜辺の風景は襲来した15メートルを超える大津波の前に消失してしまったのである。

一方、太平洋に直接面する北上川流域の農村地帯では、北上川本流を遡《さかのぼ》った津波が、堤防を越えて平地に流出した。河口からおよそ4キロメートルの場所にある「新北上大橋」は、鉄筋コンクリート製の橋が途中から折れ、河中にその残骸が投げ出されている。

そのたもとに位置する石巻市立大川小学校では、避難中の児童108人中74人が死亡・行方不明。職員10人も犠牲になった。

この北上川本流の河口に位置する「北上」地区、「河北」地区では、最後まで自衛隊による懸命な遺体捜索が続いた。北上川の恩恵を受けるのどかな田園地帯を、昼夜を問わず、いったい何台の救急車がサイレンを鳴らしながら行き来したのだろうか。

そして、今回の災害で最も多い死傷者を出したのが、普段は穏やかな「石巻湾」に面した石巻市の市街地である。太平洋側の地域に比べると、石巻湾に発生した津波が「面」となって市街地に押し寄せた感じだ。

太平洋側では、集落は半島に沿って点在する格好だった。石巻湾に面した市街地では、万石浦の入り口にあたる「渡波《わたのは》」地区から景勝地・松島まで、なだらかな弧を描くようにして直線距離でおよそ30キロの沿岸部に一気に津波が押し寄せた。

女川町や雄勝町のように、町そのものが「消失」するような場所は、旧北上川の河口に位置する「門脇町」「南浜町」といった一帯に限られた。

また、津波は太平洋側と同じように「旧北上川」を逆流したが、堤防を越えて津波が周辺村落に流入したのは、「石ノ森萬画館」のある最下流部に限定された。しかし津波は、ときにバスや自家用車を押し流し、家屋に流入しては人々の生活の現場を全て奪い去った。多量の瓦礫やゴミ、流木が街中には残され、とてつもない悪臭を放つヘドロがそこかしこに打ち上げられた。

東日本大震災の死者・行方不明者は1万9996人（内閣府調べ、9月15日現在）。石巻市全域では死者3172人、行方不明者759人、全壊家屋1万8900棟。最も多い時には5万人を超した避難者のうち、現在でも避難生活を強いられている人は1373人（9月15日、石巻市役所発表）。地震に伴う地盤沈下で、沿岸部では満潮時に冠水する地域も多く残されたままだ。

東日本の被災地には日本だけでなく世界中の視線が注がれた。中でも死者・行方不明者が全体の2割を占めた石巻市には、ボランティア志願者が続々と集まろうとしていた――。

第2章　石巻モデル誕生

ボランティア、石巻をめざす

東日本大震災の被災地には5月のゴールデンウイーク中、全国からのべ8万人以上のボランティアが駆けつけた。当初、死者・行方不明者が3万人を超えると伝えられ、残された大量の瓦礫の山を前に途方に暮れる被災者をメディアが報じる度に、遠くは海外からもボランティアを志願する人々が被災地へと向かったのである。

ただ、ボランティアは被災地に大きな負担になる場合もある。事実、志願者を断ったり、少人数に限定して受け入れた自治体も少なくない。そんな中、社団法人ピースボート災害ボランティアセンター代表理事・山本隆(41)のいる宮城県石巻市は、震災以降、この時点ですでに6万人ものボランティアを受け入れていた。

成功の要因は三つある。

「ボランティアを受け入れる仕組み」

「ボランティアにとって居心地のよい環境作り」

「ボランティアを継続的に募集するノウハウ」だ。

風向きが変わったのは、4月中旬だったと山本は言う。

それまで、被災地へのボランティア派遣には消極的だった世論が、メディアを含めて「ボランティアへ行こう」と大きく舵を切ったのである。山本が所属するピースボートが、大規模な災害ボランティアの説明会を東京で開催したことがきっかけだ。自治体の機能が麻痺し混乱している状態でボランティアを投入することに慎重論もあったが、山本はこれまでの経験と、何より被災地がボランティアを必要としている現実を訴えた。

災害ボランティアセンターに続々と集まった希望者。スタッフ（手前左から２人目）が行き先を割り当てていった＝2011年４月29日、石巻専修大学

当時、被災地では全国から食糧や衣類などの救援物資が急速に集まり、その仕分けや運搬だけでも大量の人手が必要だった。また、津波によってもたらされた大量の瓦礫やヘドロの処理には自治体当局も窮地に立たされていた。

山本は「より組織されたボランティアを一定期間、継続して投入する必要がある」と確信した。

そのため、いったん石巻から東京に戻り説明会を企画したのだ。

私は、山本の一時帰京に合わせて本人に取材をしている。この時、意外にも彼はボランティアを志願する人が、現実には少ないのではないかと懸念していた。16年前の阪神大震災時に比べて、ボランティアを志願する若者の動きが表立って伝わってこなかったからだ。

「阪神大震災の時には、若者を中心としたボランティアの動きは速かったんです。もちろん、私もそのひとりでした。当時はツイッターも携帯電話もほとんどありませんでしたから、とりあえず行ってみるしかなかった。そういう意味では半ば押しかけたんですよ」

今回、ボランティアが現地に押しかけるというのは物理的に不可能だった。被災地が東京などの首都圏から350キロも離れている上、航空、鉄道、高速道路などの主要交通機関がことごとく閉鎖されていたからだ。

しかし、交通の大動脈である東北自動車道の開通後も、ボランティアの動きは鈍かった。

「被災地に行かないこともボランティアのひとつ」

そう警鐘を鳴らすツイッターやブログがネット上に氾濫した。これらは往々にして阪神大震災（以下、神戸とも表記）の教訓と言われている。しかし、山本は神戸以降に作られた「災害ボランティア」を取り巻く空気に複雑な思いを抱いていた。それは、ボランティア元年と言われた一方で、神戸を経験した世代によって災害ボランティアが「業界化」され、それ以降の新しい世代のボランティア活動を阻むような風潮があったからだ。

しかし、そんな世論に相反するように、ボランティアを志願する人の熱意がピースボートの事務局には殺到した。説明会の開催まで3日しかなかったが、ツイッターやフェイスブックを経由してあっという間に情報は拡散した。

この時、東京・高田馬場にある「ピースボートセンターとうきょう」で電話を受けていたスタッフはこう証言する。

「説明会の開催を発表したと同時に、四つあった電話回線がすぐにパンクしました。その後、すぐに4回線増やしたのですが朝から晩まで電話は鳴り止みませんでした。中には、東京でできる仕事はないかと、かなり高齢の方からの問い合わせもありました」

事務局は喧騒に包まれた。

真剣そのものの説明会

3月23日夕方。会場となったピースボートセンターは騒然としていた。

来訪者は予約の段階で200人を超えていたが、実際にはその2倍の約400人が押し寄せ、広さ100坪のスペースは立ち見も入れてぎゅうぎゅう詰め。急遽、近くの会議室を借りるなどスタッフは対応に追われた。多くの取材者やテレビカメラも入り、その熱気で半そでシャツ一枚になる人の姿もあった。

開口一番、山本隆は集まった参加者に被災地の現実とリスクを伝えた。

「現状はまだ避難所にすら満足に食事が行きわたっていません。滞在日数分の食糧、防寒具、宿泊用テントなど生活に必要なものは全て準備し、被災地の乏しい生活資源を奪わないという自己完結の姿勢で、私といっしょに被災地の役に立てる人を募集します」

撮り下ろした数百枚の写真の中でも、参加者の目が釘づけになったのは、鉄筋コンクリートの柱が、まるで熱で溶かされた飴《あめ》細工のように、歪《いびつ》な形に折れ曲がっている写真だった。

山本は説明の中で、「自己完結」「自己責任」という言葉を何度も繰り返し使った。この二つの言葉は、阪神大震災以降の災害ボランティアを象徴する対《つい》の言葉である。

当初から山本には構想があった。

阪神大震災時、神戸市長田区を中心に3カ月で1000人以上のボランティアを派遣した経験から、送り出すボランティアは週に100人、専用バスをチャーターして東京と石巻を往復する。滞在は最大2週間。基本は7泊8日にしようと決めていた。

　ひと通りの説明を終えた後、質疑応答の時間が用意された。

　私は、おそらく質問が殺到するだろうと予想していたのだが、実際にはほとんどなかった。想像を超える被災地の現状に、思考が追いついていなかったのかもしれない。

　ただ、集まった人の表情は真剣そのものだった。おそらく大学生であろう、茶髪の今どき風の男性が、大学ノートいっぱいに山本の説明を記録していた。また、体力がないから東京で活動がしたい、現地で足手まといになるのは嫌だと、冷静に自分の体力や精神力を分析し、参加を辞退する人の姿もあった。

山本隆さんは、世界各地の自然災害現場を経験していた（写真／上野祥法）

　唯一、社会人らしい女性がボランティアの派遣期間について質問をした。

「会社を辞めて行こうと思っています。もっと長期で参加することはできないのですか？」

山本は、16年前を思い出すように、言葉を選びながら穏やかな口調で続けた。

「寒さと飢えに苦しむ被災者を前に、きっと皆さんは無力感に苛《さいな》まれます。そんな人々にもっと尽くさなければと自分を追い込むでしょうが、精神的に擦《す》り切れてしまう前に日常生活を取り戻す。もし、改めてもう一回参加したいと思ったら、また参加すればいい。この戦いは長期戦なのです」

全体の説明の後、無造作に1チーム6人のグループ分けがされた。そして、グループ内の話し合いでリーダーが選出された。その後の連絡はこのリーダーを介して行われ、この後すぐ、山本はここに集まった100人のボランティアと共に石巻へ向かうことになる。

この説明会の様子は新聞をはじめ、テレビでも大きく報じられた。東日本大震災後、初めての大規模ボランティアの派遣に大きな注目が集まったのである。

受け皿をどうするか?

これだけ、ボランティア志願者がいるにもかかわらず、なぜ被災地では積極的にボランティアを受け入れないのだろうか。

現在の災害ボランティアに関するシステムは、明確な受け入れ先が無かった阪神大震災を教訓に整えられた。災害発生時には、被災自治体の「社会福祉協議会（以下社協）」が、「災害ボランティアセンター（以下ボラセン）」を立ち上げ、そこに組み込まれる形で、団体や個人ボランティアが活動するのが一般的だ。

ところが現実には、ボラセンとNGOやNPOが歩調を合わせるのは難しい。

「神戸時代はボランティアの受け皿も何も無かったので、自前でボランティアを募集し受け入れをしました。ピースボートは印刷機を持ち込んで『デイリーニーズ』という日刊紙を3万部発行しました。どこに行けば水があるのか。公衆電話のテレホンカードはどこで手に入るか。外国人の語学サポートはどこで受けられるのか。など、既存メディアには載らない生活情報を集め、新聞にして配布しました。積極的に被災者と接触し、情報の収集と同時に、そのニーズの解決までボランティアが責任を持ったのです」

この山本のような自発的な活動は「NGOモデル」と呼べるだろう。一方、神戸の教訓として「ボランティアの受け皿がない」が一人歩きする。災害に備え、行政主導で国、県、市町村、どこがボランティアの受け皿となるか議論が重ねられる。難しいのは、災害はいつ、どこで、どのような規模で起きるか予想できない。

そこで、日本全国にネットワークを持ち、社会福祉事業と通じて、普段からボランティ

阪神大震災で倒壊した高速道路＝1995年1月17日

アに接する機会のある社協に白羽の矢が立てられた。行政主導で災害ボランティアマニュアルが作成され、そこには神戸で活躍したボランティアリーダーらの経験が反映された。

　神戸以降の災害ボランティアの雛形となっている仕組みを、私は「社協モデル」と呼んでいる。

　しかし、神戸がボランティア元年と呼ばれた後、1998年に施行された「特定非営利活動促進法（NPO法）」によって、ボランティアなど社会活動を行う非営利団体に法人格が与えられ、その後、日本には多くのNGOやNPOが誕生することになる。

　災害ボランティアの受け皿を全て「社協モデル」に収斂《しゅうれん》させた結果、これら、神戸をきっかけに生まれたNGOやNPOの受け皿も自動的に社協（ボラセン）が担うことになった。しかし、社協は民間団体でありながら行政の外郭団体としての色が濃いため、支援の公平性を優先する。そもそも、NGOは政府に属さず、活動方針や財政も政府から独立していることが大前提のため、勢い、両者はハレーションを起こして対立する構造になる。
私が取材した限り、この「社協モデル」と「NGOモデル」の違いは、被災者の要望＝ニーズをどのような手法で汲み取り、どう解決するかの違いである。

◉社協モデル（受動型のニーズ集め）

活動の根拠は被災者や行政からの個別の要望。この場合、電話や直接来訪によってそのニーズが明らかになる。これに向けて、全国から集まる個人ボランティアを派遣する。つまり、被災者と個人ボランティアを出会わせる。マッチングさせることで問題の解決を図る。

◉NGOモデル（能動型のニーズ集め）

被災者のニーズを「直接」、「独自」に調査して集める。つまり、「ニーズは生み出す」が基本。その上で、それぞれの団体に所属するスタッフやボランティアを使って問題を解決する。自己完結型と言われる所以《ゆえん》はそこにある。
ボランティアを派遣して、問題の解決に当たる手法は同じだが、ニーズの集め方が違う以上、その解決法をめぐっても相入れることは難しい。

ややこしいのは、同じＮＧＯ、ＮＰＯでも、イラクやアフガニスタンなど、国際的な紛争、災害支援の現場で活躍をしてきた〝プロＮＰＯ、ＮＧＯ〟はそもそもボランティアを必要としないケースが多い。今回も大手企業と連携し、救援物資の調達、避難所への搬入などロジスティックスに長《た》けた独自の機動力を展開した。しかし、「必要な人員は現地調達する」という海外支援のセオリー通り、彼らが一般のボランティアの受け皿になることはなかった。

現在、日本には登録をされているＮＧＯ、ＮＰＯの数だけでも4万以上あると言われている。また、法人格を持たずに、昔ながらの市民団体（民法上の組合組織）として活動をしている組織もある。さらに、今回の大震災を受けて発足した新団体も多数ある。

いずれにしても、神戸をきっかけに、国も地方自治体もボランティアなど自主的な市民活動の力量を無視できなくなったのは事実だ。

当時、ＮＧＯは「行政や地方自治体の活動を補完する」役割と言われていた。つまり、あくまで補欠という意味である。

今回、被災県各地の社協や地方自治体の災害対策本部で取材をしたが、組織図を見せてもらうと、あくまでボランティアの位置づけは行政の傘下にあった。

10年前、私は「NGO拒否事件」を取材した。

現在、NGO「ピースウィンズ・ジャパン」代表理事である大西健丞《けんすけ》が、外務省主催で行われたアフガニスタン復興支援国際会議へのオブザーバー参加を直前になって拒否されたという事件である。

その背景には、大西が「お上の言うことは信用していない」という趣旨の発言をメディアで行い、それを耳にした当時衆議院議員の鈴木宗男が、政府に非協調的な態度のNGOは、政府主催の会議には参加させないと外務省に横槍をいれたという顛末《てんまつ》だった。

私は、この時のお上の物言い、態度に本音が漏れたなと思った。

NGOの自主性を尊重し、民主的で対等なパートナーシップを結ぶと体《てい》の良いことを言いながら、結局、NGO、ボランティアは下請け、都合のいい労働力程度の意識しかなかったのではないか。

しかし、一方でNGO側も独自に災害ボランティアの組織化やトレーニングを行ってこなかった。その結果、いざ災害が発生し、ボランティア活動を開始しようとしても、被災地の社協以外にボランティアの受け皿となる組織はなかった。

いずれにしても、16年前の神戸で産声をあげた日本の災害ボランティア文化が、千年に一度と言われる大災害の前にどう機能するのか。まずはその仕組み作りから取材ははじまった。

まるで無人の町

ピースボートの山本隆が、この石巻社協を訪れたのは地震発生の1週間後だった。憔悴《しょうすい》した十数人の職員が、ボランティア志願者、マスコミ対応に追われる一方で、ボランティアの姿はほとんどないという現実を目の当たりにした。

今回の震災では、社協の職員が亡くなったり、被災しているケースも多い。この石巻社協も例外ではなく、職員の中に犠牲者はいなかったものの、それまで事務所にしていたビルは津波の被害を受け、撤退を余儀なくされていた。

市の北郊にある石巻専修大学の一室に設けられたボラセンを間借りする格好で、山本らピースボートのメンバーは社協の仕事の手伝いをはじめた（石巻専修大学については第3章で詳述する）。

当時はまだ、電話回線はおろか電気も復旧しておらず、各々がソーラーを使った自家発電機などを持ち込み携帯電話やパソコンなどの電源を確保していた。街中に人の気配はなく、救急車と自衛隊車両だけが砂ぼこりを巻き上げながら走り去って行く。

「見回りをしていた警察官が襲われた」「外国人らしき集団が窃盗を繰り返している」など根拠のない虚言が広まり、日没と共に石巻は、ほとんど無人の町と化していた。

市内にある家屋の約60%が、全・半壊、浸水の被害に遭っていた。震災発生から1週間が経過しても、十分な量の物資も食糧も避難所には届いていない。山本といっしょに石巻入りしたピースボートスタッフの小林深吾（29）は、避難者の生命を繋ぐための炊き出しの必要性を痛感していた。

津波に流され、脱線転覆したJR石巻線のディーゼルカー。鉄道も道路も寸断された上、情報も途絶した＝2011年3月13日

「この時点で、行政は市内にある大まかな避難所の数は把握していましたが、在宅避難者までは手が回っていませんでした。だから、行政も自衛隊も支援に入らない住

宅街での炊き出しや物資配布が必要だと思ったのです」

「在宅避難者」とは、行政が指定した避難所ではなく、個人の住宅で避難生活を送る人々をさす。壊滅した沿岸部で暮らす人々は、家そのものが流されたため避難と同時に、自動的に指定避難所での暮らしを余儀なくされた。

一方、津波の被害には遭ったが、住居の2階部分の被災は免れたケース、また、マンションやアパートに住んでいて、直接は自分の部屋まで水が浸入しなかったケースなどでは、個人の住宅に留まって避難生活を送る住民も多かった。

しかし、時間の経過と共に、それら「在宅避難者」の生存が危ぶまれるようになった。電気、ガス、水道などの生活インフラが寸断された上、自動車などの移動手段がなく、携帯電話など通信手段がないため救助の要請もできない。

私も、そんな住宅地に入って取材をしたのだが、誰が見ても分かる程度まで家屋が全壊していたら別だが、半壊程度の家屋では、一軒ずつ玄関から声をかけて歩く方法以外に住人の安否を確認する術はない。まさに都市災害の盲点を見る思いがした。

そこで、小林はすでに石巻で活動をしていたボランティア団体「め組ジャパン」と共に、行政が把握しきれていない「在宅避難者」が、実際どの地域に、何人いるかを把握する聞き取り調査を開始した。15人のボランティアと共に、7台の車で石巻市内を走り回った。新たな避難者が見つかると、援助物資として全国から集まったラジオを手渡し、その場所から一番近い炊き出しのポイントを紹介した。

独自の「災害地図」に新たな情報が加わる（写真／上野祥法）

そして、この調査結果を基に小林は、独自の「災害地図」を作成する。これは、石巻で炊き出しを行う上で、在宅避難者がどこに何人いるという、行政も把握していない貴重な資料となった。

「当初、行政が把握していた避難所の数は、あらかじめ指定されていた避難所を含め150カ所でした。しかし、在宅避難者も入れるとその数は倍の300カ所にもなりました」

私も、石巻市東部の「黄金浜《こがね》」という地区を取材した。

一見、どの街にもありそうな新興住宅地なのだが、道路は流木や家屋の残骸、おびただしい量の瓦礫で封鎖されている。沿岸部のように、家そのものが津波に流され消失するようなことはなかったが、どの家も軒先の高さまで水没した形跡がある。

「このあたりでは町内会長さんが津波で亡くなられました。だから、行政へのパイプがなくて、どうやって助けを求めていいか分からないのです。ようやく、ボランティアの方が来て下さるようになり、食事だけは手にはいるようになりました」

と、住民のひとりは疲れきった表情で重い口を開いた。

震災発生から1週間。この家の家族は半壊した2階部分で生活し、近くにある小学校へ食事をもらいに通っていたそうだ。一番の問題は「水」の調達。軒先に積もった雪をかき集め、鍋《なべ》で溶かしてそのまま飲んでいたという。

私も驚いたのだが、住宅街に一歩足を踏み入れると、路地をひとつ挟んで反対側の駐車場でやっている炊き出しにも気がつかない。ましてや、海も見えず、海岸線から数キロも離れている場所で、自分が津波にさらわれるというリアリティは全く感じなかっただろう。

把握できない被害状況

石巻赤十字病院によると、石巻市における犠牲者の9割は溺死だという。

中でも、逃げ遅れた高齢者が家屋の1階で遺体として見つかった例が多い。自分は2階で助かったが、同じ家屋の1階部分で肉親を失った。また、津波が引いてみると、見ず知らずの遺体が自宅の居間で見つかった例も報告されている。

地震発生以来、石巻市は、行方不明者の数を正確に把握できずにいた。公式発表は4月4日以降で、2770人。ようやく、7月6日にその数を大幅に下方修正し1012人とした。

これら行方不明者数は、石巻市が警察や行政委員の協力を得て、各避難所や住民基本台帳を基に実態調査したらしい。しかし、地震発生から4カ月を経過しても、誰が、どこに、何人いるかという正確な数字が把握できていないのが実状だった。

石巻での炊き出しの調整役となる小林深吾にはある思いがあった。

大学で臨床倫理学を専攻した小林は、卒業後、ピースボートの世界一周の船旅に乗船した。

帰国後、ピースボートのスタッフとなる。初めて災害救援に関わったのは、2005年に発生したパキスタン大地震だった。

長年にわたる国境紛争で疲弊した大地を、マグニチュード7・6の直下型地震が襲った。

インド・パキスタン両国にまたがるカシミール地方では、確認されているだけでも9万人が犠牲となり、10万人以上が災害避難民となって故郷を逃れた。

小林はパキスタン軍のヘリコプターに便乗し、標高3千メートルの渓谷に取り残された人々に防寒具や食糧など救援物資を配布した。

「山岳地帯に取り残された人がヘリコプターを見上げて手を振るのです。しかし、着陸場所もなく、僕らはただ物資を上空から投下するしかなかった。断崖絶壁の孤立地帯で、寒波に凍え、食糧がなくて衰弱する人々が目の前にいるのに助けることができない。本当に胸が締め付けられるような思いでした」

今回も、場所によっては行政の支援が届かず、満足に食糧の供給もできていない。津波でずぶ濡れになったまま放置され低体温症に陥る人もいる。あのパキスタンの人々の姿が、石巻の人々と重なった。

小林も山本同様、この大規模震災を克服するためには、ボランティア力を結集し、「社協とNGOが緩やかな合意の上に連携する仕組み」が必要だと考えた。

この時、石巻社会福祉協議会の阿部由紀総務係長は、山本らピースボートのスタッフの協力を歓迎しながらもその働きぶりを観察していた。

「社協の限界が、災害救援の限界であってはならない。目の前に横たわる石巻の被害状況が、それを許さないことは十分に理解していました。ただし、誰にでも、どの団体にも仕事を任せられるとは言えない。当然彼らはよそ者であって、この震災の終結まで責任を持つのは地元の自分たちであるという自負もありました」

しかし、石巻入りから2日目の夜、山本は社協の阿部係長に対して、この災害がとりあえずの収束を果たすまで、ピースボートはこの場所に留まり協力すると明言した。

「いや助かりましたよ。本当に手が回らない状況で、私たちの立場を尊重した上でより必要な支援を提案してくれる。これならば、いっしょにやれるなと思いました」と、阿部は振り返る。

こうして、山本らはボラセンに集まるNGOなど団体の受け入れを任されるようになる。

そして石巻社協は、全国のボラセンに先駆けてボランティアの募集を開始した。この時点で山本は東京へ戻り、先述したボランティア説明会の準備をしたのである。

水の確保

震災発生から2週間が経過すると、ボランティア数がのべ100人を超えた。被災地の活動拠点を探していた団体が多かったこともあり、参加団体はおよそ30にまで膨らんだ。山本らは、社協とも相談の上、いろいろな団体が入りやすいよう「NGO・NPO連絡会」を結成した。ボラセンに集まる個人ボランティアの受け入れとは別に、各団体が参加しやすい枠組みを作ろうと申し出たのだ。

というのも、石巻には自衛隊のほかにも独自に活動を展開している団体がわずかながら存在した。炊き出しをするにしても、同じ場所で複数の団体が鉢合わせしたり、同じメニューが続いたりするなどで、調整が必要だった。

また、県外から独自に炊き出しに入る団体の中には、被災地のリアリティが伝わっていない場合もある。

中でも炊き出しに必要不可欠な「飲料水」の確保は各ボランティアに委ねられていた。当時、石巻では水道水はおろか、トイレの排水もその機能を失っていたため、プールに溜まった雨水や海水を生活用水にしている避難所もあった。それらには細菌やウイルスが潜み感染症の原因になると、多くの医療関係者が指摘していた。それほど水は貴重品だったのである。

この時点で、炊き出しを希望する団体は、独自に「水」の確保をしなければならなかった。しかも、屋外での炊き出しは、一歩間違うと食中毒を起こす危険性もある。そうなれば、全てのボランティアによる炊き出しを停止しなければならない。

しかし、被災地に「飲料水」がないという事実は、炊き出しを志願する団体の間でもほとんど認知されていなかった。水くらいあるだろうとの軽い気持ちでやってきて、現場で手に入らないため炊き出しそのものができずに諦めて帰った団体もあった。

そこで、小林を中心に炊き出し支援の窓口を開設することになった。

「事前に電話をもらえれば、その規模に応じて石巻市内の炊き出しポイントを紹介する仕組みを作りました。ただし、水は必ず自分で手配すること。食べ残しや余った食材、割り箸や紙皿などのゴミも全て各団体で持ち帰り、処分することなどを徹底しました」

この炊き出し専用ダイヤルは大きな反響を呼んだ。

朝9時の時報と共に、4回線ある携帯電話が一斉に鳴り出す。一件の対応をしている間に不在着信の履歴が30件。小林を含む4人のボランティアが対応に当たったが、電話は鳴り止まない。

取材をしながら、炊き出しを極力断らないという小林の姿勢に感銘を受けた。

「ボランティアをしたいという人の気持ちになんとかして応えてあげたいと思いました。

話を聞いていると、他のボラセンや自治体で断られたというケースも多くありました。この電話で対応し処理するという作業は、地味ですがかなりの労力と工夫が必要になります」

被災地の人の理解

当時、個人ボランティアの募集を解禁したボラセンにも、全国のボランティアからの問い合わせが殺到していた。同じように一件当たりかなりの時間を必要とする。一日中、同じ内容を繰り返し説明するのだが、これだけを見ても、ボランティアを受け入れるために発生する実務作業は相当量になる。その一方で、すでにボラセンにやってきたボランティアやマスコミへの対応もある。職員わずか十数名のボラセンで、これら全てに対処するのは不可能である。

「ボラセンには、被災地とボランティアをつなぐ役割が求められていますが、人員の面からも負担は重い。中にはどんどん受け身になって『うちは間に合っています』などとボランティアにブレーキをかけてしまうところも見受けられます」

と、話すのは宮崎益輝・関西学院大学教授だ。

そうした地域でこそ、ボランティアによる大規模な活動が求められているようにも思えるが、ボラセン側の「自己規制」は、都市部から、より遠隔地に行くと顕著になる。そもそも、ボランティアというものがどういう存在なのか理解されていない。

石巻市役所で取材をしていた私は、課長クラスのわりと年配の職員に、逆にこんな質問を返された。

「ボランティアって行政の批判ばっかりやるじゃないですか。田舎の事情も分かっていないくせに大挙して押し寄せる。彼らはどこかの団体に動員されているのですか？」

どうやらデモなどに動員される組合組織と混同している様子だった。

また、被災者の中にもボランティアという言葉そのものを初めて耳にする人もいた。

当時は街なかで作業するボランティアも少なかったせいか、一般の市民の間にも、「よそ者」が大挙して押し寄せるという不安はあった。また、他人のお世話になってよいものか、施しを受けてよいものかという葛藤も年配者を中心にあったように思う。

とくに、石巻市街から離れた牡鹿半島などでは、他人の施しを受けたくないという自尊心が強く、ボランティアからの物資をなかなか受け取らない。また、避難所にボランティアを入れない地域もあった。

いったん心が通い合えば、みんな義理人情に厚く、温厚な人々ではあるが、いわゆる「湊気質《みなとかたぎ》」と呼ばれる保守性、閉鎖性は存在していた。

山本もまた、自分が「よそ者」であるという認識と、地元の事情に精通していないことから、これまでの災害救援のスキルだけでは補えない、石巻ならではの支援方法を模索していた。

伊藤の、ある提案

「まえがき」で紹介した伊藤秀樹は、石巻市で建設会社を経営し、個人ボランティアとして「連絡会」に出入りしていた。ピースボートの山本隆や小林深吾の活動を横目で見ながら、地元へのパイプがないために、物事を解決できずにいる彼らの力になりたいと考えていた。

阪神大震災をはじめ、ナホトカ号原油流出事件や那須豪雨災害などでボランティア経験のある伊藤は、NGOやNPOの性格や団体の力を熟知していた。また、建設業という仕事柄、地元事情に詳しく、かつて「社団法人石巻青年会議所（JCI）」の理事長を務めていたこともあり、時には行政と協働したり、様々な政策提言をするなど、石巻市とパイプを持っていた。

「小林君たちが頑張っているのは理解していました。しかし、例えば瓦礫を集めたとしてもどのように処理をするのか。市役所の誰に相談すればよいのか。最終的にどう物事を解決するか、彼らはその術を持ち合わせていませんでした。誰かがフィールドの整備に徹しないと物事が進まないなと思いました」

伊藤秀樹さんは地元の事情に精通していた（写真／上野祥法）

象徴的だったのは毎日夕方7時から行われる「会議」だった。
当初の目的は各団体の一日の活動情報のシェア。しかし、参加団体が増えるにしたがって、会議時間は意味なく長丁場となった。1団体、3分で活動報告をしても2時間以上かかる。
団体の性格が違うので、もちろん活動スタイルも違う。何より、行政とのパイプがなければ解決できない問題が次々と発生した。小林が言う。

「一日中、ボランティア志願者の電話対応をして、明日の炊き出しのブッキングをやって、その上で会議の進行をするのは大変でした。何より、話し合いが長引くことで翌日の作業に差し障《さわ》るのです。こういう場所には個性のある団体が集まりますから、それをうまくマネジメントするのは少し重荷でした」

そんな時、伊藤は小林に対してあることを提案する。

「活動報告は団体ごとではなく、活動目的ごとに分けよう。作業の具体的な内容のシェアは全体会の後の分科会で。行政との折衝など、フィールドの整備はこっちでやる」

伊藤のこの提案が、会議を大きく変える。

分科会の役割

伊藤の提案により、早速九つの分科会が創設された。後に私が「石巻モデル」と呼ぶことになるシステムの土台が築かれたと言える。

①【炊き出し（食糧支援）】

石巻市内にある避難所や住宅地への炊き出しを実施。食材は全て各団体が独自に調達し、場合によって食材や調理器具は団体間でシェアすることもある。また、石巻市から車で1時間以上かかる太平洋沿岸の遠隔地にも炊き出しを行うデリバリーというチームも併設。主な団体は「ピースボート」「四万十塾」「NPO法人キャンパー」など。

②【メディカル（医療支援）】

避難所への訪問医療や入浴介助、被災者の歩行訓練のリハビリなどを担当する。石巻では、全国から医療ボランティアが派遣され、石巻赤十字病院に所属する医師や看護師を中心に構成。また、イラクやアフガニスタンなど世界の紛争地などで災害医療を展開する団体も活躍した。主な団体は、「JIM-NET（日本イラク支援ネットワーク）」「RQ市民災害救援センター」「PCAT（日本プライマリ・ケア連合学会）」など。

③【移送（被災者の移動支援）】

避難所や孤立した村落などから病院への移送や、一時帰宅の被災者への支援。津波によって救急車を含む自動車が水没し、タクシーなどの普及にも時間がかかった。そんな中、独自にバスや車をチャーターして、高齢者や負傷者の「足」として活躍した。主な団体は「ホップ障害者地域生活医療センター」「移送ボランティア・Rera」など。

④【心のケア】

避難所への臨床心理士の派遣、ケア・ワーカーによる夜間の避難所への泊まり込みなど、被災者の心のケアが目的。男性専用、女性専用の心のケアに関する相談会を実施した。また、ボランティアを対象にした、被災者との付き合い方などのワークショップも定期的に開催した。

⑤【キッズ（子ども支援）】

学校に行けない子どもたちへの学習支援が中心。現役の教師や保育士が連携して活動。

⑥【リラクゼーション】

避難所での足湯、整体、マッサージ、ヘアカットなどを実施。各分野の技術を持つ個人が連携して活動している。ただし、街の復興と同時に、石巻市内で個人経営の「理容・美容室」「マッサージ店」がオープンしだしたため、現在は避難所に限定し、昼間ではなく、夜間泊まり込みでの施術を行っている。

⑦【復興マインド】

地域の伝統行事の復活、港町「石巻」ならではの祭りを通じて地域復興の手伝いを行っている。主な団体「NPO法人オンザロード」「め組ジャパン」など。

⑧【マッドバスターズ（瓦礫撤去・清掃活動）】

石巻市内では、津波によってもたらされた大量の瓦礫やヘドロの清掃、撤去が復興への大きな障害となった。重機の入らない個人住宅では、手作業でしかこれらを片付けることはできない。まず、家屋にある全ての家財道具を運び出し、次に家屋に堆積した重油の強烈な臭いのするヘドロをスコップで掻き出す。その後、土嚢《どのう》に入れて指定の集積所まで運び出すという重労働。石巻のボランティアを象徴する作業となった。主な団体「日本財団」「NPO法人オンザロード」「ピースボート」など。

⑨【生活支援】

仮設住宅の運営、物資配布やコミュニティ支援などを行う。現在、女川町と石巻市の仮設住宅に生活必要物資の搬入を行っている。「ピースボート」「特定非営利活動法人JEN」など。

「炊き出し（食糧支援）」「マッドバスターズ（瓦礫撤去・清掃活動）」など、九つの分科会が創設されるまで時間はかからなかった。各団体は、それぞれのスキルに合う分科会に所属し、協力する体制を整えた。分科会に先立つ全体会では、炊き出しは何食、個人宅の瓦礫処理は何件と、一日の成果を数字で発表する。後から参加をした団体や個人の活動の目安にもなった。会の最後には各分科会をまたぐような問題を取り上げることを決めた。「医療訪問したお宅で瓦礫処理の人手がほしいと言われた」「全員、避難したと思われていた地域の半壊住宅で、3家族およそ10人が生活している。炊き出しの支援が必要」

報告はきめ細かい。可能な限り翌日には対応するようにした。

分科会はその日に応じて、深夜まで議論する場合や、明日の活動に備えて確認だけで済ますなど、分科会ごとにフレキシブルになった。実はこの会議時間が短くなったという事実が、ボランティアの機動力を高めた。

単なる団体間の連絡調整の場にとどまらず、石巻の復興に責任を持とう。伊藤の提案で4月2日に連絡会の名称を「石巻災害復興支援協議会（以下「協議会」）」に変更した。そして、地元の伊藤が会長に就任した。この時点で参加団体は150を突破した。気がつけば様々な主義主張を持つ団体が混在している大所帯になっていた。

伊藤からすれば、山本が所属するピースボートもそのひとつだった。

「仕切らない」という姿勢

ピースボートは、もともと辻元清美（現・衆議院議員）らが立ち上げた団体である。1

996年の政界進出以降、辻元はピースボートの運営に一切関わっていない。

しかし、ピースボートは憲法9条を世界に広めるための「9条世界会議」を主宰したり、沖縄県名護市辺野古の普天間米軍基地の代替施設に反対したりするなど、明らかに「政治的主張」のある団体であった。

災害ボランティアの現場では、その地域が特定の宗教や政治思想のある団体が仕切っていると分かった途端に物資が届かなくなったり、ボランティアそのものが集まらなくなることがある。

伊藤はそのあたりをこう説明する。

「今、目の前に困っている被災者がいる。それを解決するためだったら、どんな人脈も政治力も使ってもいいじゃないですか。ただし、活動の成果を独り占めしたり、政治の道具に使われるのだけはやめようと。とにかく、私たちが統括するのではなく、ボランティアたちが活動しやすいフィールド整備に徹しようと山本さんと二人で話し合いました」

ボランティア活動に政治を介入させない、ただし、目の前の物事を解決するためにだったら、お互いに手段を選ばない。実は、ある意味超党派であり、現実的なこの選択が、思想信条を超えて多くの人が集まりやすい環境を作ったと言える。

また、伊藤の言う統括をしない、つまり仕切らないという姿勢も大きい。

「そもそも建設業というのは、各分野のプロフェッショナルとコラボしながらひとつの目標を達成する仕事です。だからこそ、団体の力がどれほど大きいかよく理解していました。とくにNGOやNPOはそれぞれに活動目的がある。それを差し置いて、いくら地元だからといって、ハンドリングしようとすれば反発が起きるのは分かっていました」

このように、4月に入ると独自に活動を展開する団体ボランティアの受け入れは「協議会」がほとんど引き受け、個人ボランティアへの対応は、社協を通じてボラセンが担当することを、両者の協議で決めた。この明確な役割分担が奏功し、ボランティアは数百人単位で増え続けていった。

被災地に注がれる「熱意」を受け止め、それを十分に機能させる「形」にしなければ――。関係者のこの思いが「石巻モデル」というべき独得なシステムとしてここに実を結んだのだ。

「熱意」を「形」にするシステム

次の表を見ると「石巻モデル」の全体がよく分かる。47ページでも説明した通り、通常

〈表Ⅰ〉

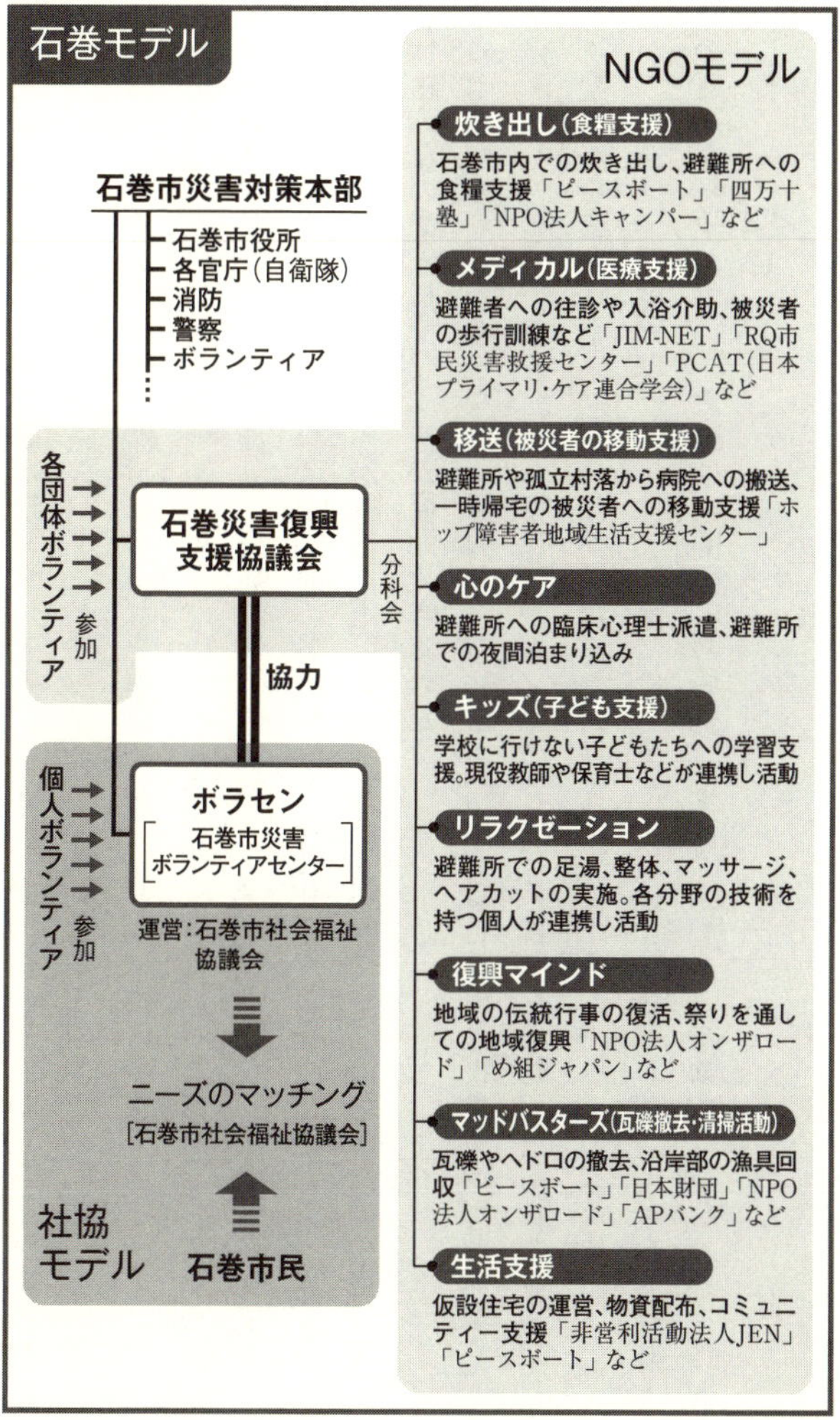
石巻モデル
NGOモデル
石巻市災害対策本部
石巻市役所
各官庁(自衛隊)
消防
警察
ボランティア
…
各団体ボランティア
参加
石巻災害復興支援協議会
分科会
協力
個人ボランティア
参加
ボラセン
[石巻市災害ボランティアセンター]
運営:石巻市社会福祉協議会
ニーズのマッチング
[石巻市社会福祉協議会]
社協モデル
石巻市民
炊き出し(食糧支援)
石巻市内での炊き出し、避難所への食糧支援「ピースボート」「四万十塾」「NPO法人キャンパー」など
メディカル(医療支援)
避難者への往診や入浴介助、被災者の歩行訓練など「JIM-NET」「RQ市民災害救援センター」「PCAT(日本プライマリ・ケア連合学会)」など
移送(被災者の移動支援)
避難所や孤立村落から病院への搬送、一時帰宅の被災者への移動支援「ホップ障害者地域生活支援センター」
心のケア
避難所への臨床心理士派遣、避難所での夜間泊まり込み
キッズ(子ども支援)
学校に行けない子どもたちへの学習支援。現役教師や保育士などが連携し活動
リラクゼーション
避難所での足湯、整体、マッサージ、ヘアカットの実施。各分野の技術を持つ個人が連携し活動
復興マインド
地域の伝統行事の復活、祭りを通しての地域復興「NPO法人オンザロード」「め組ジャパン」など
マッドバスターズ(瓦礫撤去・清掃活動)
瓦礫やヘドロの撤去、沿岸部の漁具回収「ピースボート」「日本財団」「NPO法人オンザロード」「APバンク」など
生活支援
仮設住宅の運営、物資配布、コミュニティー支援「非営利活動法人JEN」「ピースボート」など

は、全国から被災地へと集まるボランティアの受け皿は各自治体の社協が立ち上げたボランセンが担う。これを私は「社協モデル」と呼んでいる。被災者からのニーズに対して、事前に登録したボランティアを派遣してこれを解決する。

石巻ではこの「社協モデル」とは別に、「NGOモデル」と呼ばれるNGOやNPO、団体ボランティアの受け皿を作り、自発的に被災地のニーズを生み出し、刻々と変化する被災状況に対応するために分科会を創設。各団体はその特化したスキルに応じて所属する分科会を決めた。また、各団体が独自にボランティアを募集したり、活動のための寄付を募る仕組みなので大規模な支援が展開できるのだ。

この両者が役割分担をしながら協力し、石巻市が開催する石巻市災害対策本部と連携する仕組みが「石巻モデル」だ。災害時にボランティアが、各官庁や消防、自衛隊と並んで災害対策本部会議入りを果たすのは異例だった（詳細は第5章で）。

だが、石巻に集う災害ボランティアの前には、まだまだ多くの難問が待っていた。そしてその難問を解決していったのは、関係者の勇気ある「決断」と「行動」だった。

第3章　大学が拠点になった

幻の防災協定

被災地のキャンパスにも青春はある。

揃いのユニフォームを着た陸上部の一団が、グラウンドに敷き詰められた色とりどりのテント群をよそ目にランニングを楽しんでいる。

石巻駅から車で10分。今は穏やかな流れを見せる旧北上川のほとりに石巻専修大学はある。地震発生から今日に至るまで、社協のボラセンをはじめ、山本や伊藤の所属する石巻災害復興支援協議会（協議会）もこの場所を事務局としてきた。

災害時、大学が避難所として開放された例はあるが、ボランティアの拠点として、しかもこれだけ長期間にわたって大学が開放されたのは初めてである。同大学が沿岸部から数キロ離れた「内陸」に位置し、旧北上川によって市街地と一線を隔てた「郊外」だったことも幸いした。

石巻市は津波によって市街地の6割が機能停止に陥った。しかし、石巻専修大学と石巻赤十字病院だけは災害拠点として生き残った。両施設は直線距離で数百メートル。目と鼻の先という位置関係である。

石巻専修大学学長・坂田隆（60）は、石巻を襲った大震災の一報を出張先の北海道・札幌市で聞いた。すぐに大学に連絡を試みる。その時には奇跡的に大学の事務局と電話がつながった。

「学内施設に大きな損害はなし。学生や職員の人的被害もありません」

幸いにも、春休みの試験期間中でキャンパスに学生の姿はまばらだった。

「学長、避難者を受け入れてもよいでしょうか？」

電話口の職員が訴えた。坂田はすぐに了承した。

というのも、石巻専修大学は石巻市が指定した避難所ではなかったが、客観的に見て地域住民にとって安全で堅固な施設は他に見当たらなかった。予想通り、大津波警報の発令と共に多くの人々が集まってきた。

当日、およそ200人の学生と50人の職員が校舎内にいた。時間の経過と共に増える避難者を、普段、学生の授業に使われる4号館の1階から4階に誘導・避難させたのはそんな職員と学生だった。

1989年、石巻専修大学は、「学校法人専修大学」に属する私立大学として産声をあげた。東京都千代田区神保町にある「専修大学」とは同列法人という関係だ。

現在、理工学部と経営学部の二つの学部と大学院を有し、学生数は合わせて1853人。

これまで宮城県では高等教育機関は全て仙台を中心とした経済圏にあった。そのため県内で二番目の人口を有する石巻市の地元を中心に、大学誘致を求める機運が高まり、地元自治体も後押しをする格好で大学は開業に至った。したがって、当初から地域との連携が期待されていた。

何より石巻を中心とした宮城県東部の沿岸地域では、少子高齢化やグローバル化によって産業の空洞化が進み、過疎化や第一次産業の不振で経済の低迷が著しかった。

「私立として行政ではなく、むしろ地域に支えられて開業した経緯があります。だからこそ、本学が有する知的資源を、広く地域や市民に開放、還元することを心がけていました。常日頃から理屈抜きのお付き合いがあったので、指定避難所であるか否かにはかかわらず、災害時には避難者を受け入れる態勢を敷いていました」

と坂田は大学と地域との関係を語る。

地震発生からおよそ30分後、大津波は旧北上川を逆流し、岸辺に広がる葦原をなぎ倒しながら一気に石巻専修大学の近くに架かる「開北橋」に迫った。

津波が堤防を越えることはなかったが、大学よりも海抜の低い宮城県立石巻商業高校のグラウンドには一部、津波がなだれ込んだ。直線距離でわずか500メートルの位置である。

大学周辺は新興住宅地だったが、地震で電気、水道、ガスなどの生活インフラは寸断された。しかし、大学には自家発電機が3機設置されており、学生の保護者らが作った育友会の寄付によって水と食料の備蓄があった。

亀山と坂田の迅速な決断

そんな石巻専修大学に、市長の亀山紘が連絡を入れたのは地震発生から4日目のことだった。「大学に災害ボランティアセンターを開設できないか」という内容だった。大学側はこれを即座に快諾した。早速、翌日から社協の災害ボランティアセンターの事務局が設置され、大学の一部がボランティアの拠点として開放された。

実は、両者の決断は当初から想定されていた。というのも、いざ災害が発生した際には、大学を拠点にして、避難者、自衛隊、そしてボランティアを受け入れるという石巻市と石巻専修大学の間に交わされた防災協定の存在があった。

「正確には3月末日に防災協定を結ぶ予定だったんです。実務者レベルでの話し合いは終わり、あとは印鑑を押すだけでした。しかし、それを待たずにあの日を迎えてしまいました」

亀山はまさに「幻の防災協定」だったと打ち明ける。

私はその原文を見せてもらったが、社協や山本らが事務局として使用している大学5号館をはじめ、ボランティアに開放可能な施設の名称、貸し出す上での約束事がA4用紙2枚に認《したた》められていた。

この背景には、宮城県全域が歴史的にも地震、津波が頻発する地域であったことに加え、3月11日の1年近く前、2010年2月27日に発生したチリ地震に伴う津波襲来の記憶が大きく関わっている。

学長の坂田は「防災協定」構想の経緯をこう振り返る。

「大規模災害が発生することは、地理的、歴史的に見ても明らかでした。大学構内には学生、職員を含め常時2000人がいると想定されます。本来ならばこの大学は石巻市が指定した避難所ではないので改めて避難をしなければならない。しかし、地震を想定した大規模災害時に2000人もの人間を移動させるのは難しい。そのためにも、この大学を指定避難所として石巻市に認めてもらう必要がありました。その上で、災害時にも安心して地域の人々に貢献できる仕組みを作りたかったんです」

　現在、地域防災計画に基づき、石巻市が指定した避難所は、石巻専修大学のある「石巻・蛇田」地区に39カ所ある。その中の一つが、グラウンドに津波が流入した宮城県立石巻商業高校である。現段階では、同じ地域に複数の避難所は認められていない。

「もう4、5年前から打診をしていました。しかし、避難所の運営面などの難しさからなかなか実現しなかったのです」

　そんな折、亀山紘が市長に初当選した。2年前の出来事である。亀山の前職は石巻専修大学教授。大学が持っている知的資源、教育研究機能を広く地域や市民に開放、還元することを目的とした「大学開放センター」長を務めた経緯がある。

　両者の話し合いの結果、将来的に大学を指定避難所とする前段階の案として浮上したのがこの「防災協定」だ

石巻専修大学の坂田隆・学長（写真提供／石巻専修大学）

った。

この話を先に持ちかけたのは大学側、坂田だった。これまでの経緯もあり亀山も大筋は合意した。そして、防災を担当する市の総務課と、大学の事務担当によって具体的な案文作りが進められた。その過程で、石巻市側の要請で盛り込まれた一文がある。

「大規模災害時、大学内に災害ボランティアセンターを設置する」

通常、震災時には社協の事務局が拠点となるケースが多い。しかし、今回の場合、市街地にあった社協事務所は、まともに津波の被害を受けた。また、仮に被害を受けていなかったとしても、1000人単位のボランティアが出入りするのはとうてい不可能だ。

今回、被災各県では、社協が大打撃を受け、初動時のボランティア受け入れがうまくいかなかった場所は多い。

岩手県陸前高田市では、津波で社協の建物が流出してしまった。職員15人のうち会長、副会長、事務局長など6人が死亡、または行方不明になる被害に遭った。

それでも、震災6日後には残った職員たちで折りたたみ式のテーブルを使ってボラセンを開設した。ただ、ボランティアコーディネーターの研修を受けた職員も被災し、ボラセン運営の資料も残っていなかった。

県内外の社協職員が応援に駆けつけているが、多数の団体や個人ボランティアを受け付けて、調整する組織力があるとは言いがたい状況が続いた。

同県大槌町社協でも、会長や事務局長、総務課長など8人が死亡、行方不明に。テントでボラセンを立ち上げたのは、震災から2週間以上たった3月29日だった。

このように、今回の震災、とくに津波災害のケースでは、社協の事務局機能そのものが崩壊し、結果としてボランティアを受け入れる準備ができなかったが、これまで、ボランティアを受け入れる拠点をどこにするかはあまり議論されてこなかった。

石巻の場合、当初から市は災害時のボランティアの拠点は石巻専修大学と決めていた。それに対して坂田は、次のように大学の事情を訴えたという。

「私どもの大学は公立ではなく私立です。したがって、この施設は学生を含め、多くの支援者によって維持されている。大学の本分は学生に質の高い教育とその環境を提供することです。いかなることがあってもそのレベルを落とすわけにはいかない」

そこで、被災時に開放する具体的な場所、期間は大学側が決めることを条件とすることで合意した。その上で、具体的な案文作りが進められたという。

そして先述のように、2011年3月31日にこの「防災協定」の調印式が予定されていた。しかし、それを待たずに歴史的大災害はやってきた。

今回、石巻専修大学は、ボランティアの拠点のほか、大学校舎の一部を一般住民や学生の避難場所に提供した。体育館を日本赤十字の救護所に、多目的グラウンドは自衛隊の宿営地として開放した。

これらは、「幻の防災協定」に全て明記されていた通りである。

坂田は実際に大学の一部を開放するに当たり、その覚悟をこう語った。

「幻の防災協定ですが、いつまで避難者やボランティアに大学を開放するのか、時期は明記されていません。というのは、被災地のど真ん中でいったん開放したら、私どもの都合で『はいやめます。明けわたして下さい』とは絶対に言えない」

大学とは学問の府である。その使命を果たしながらも、災害時に大規模なボランティアや避難者を受け入れる。これは大学側にとっても大きな挑戦だった。

ソフトバンクから届いたケータイ

早速、大学の機能をフルに生かしたボランティアの拠点作りがはじまった。そもそもの構想では社協が中心となるはずだったが、一度に100人単位の団体ボランティアを派遣し続けた山本隆がその構想をさらに進化させた。

まず、整備をしたのは事務局機能だった。大学の教室を2室、「社協」「協議会」で借り受けた。当初、電気をはじめ水道、ガスなど生活インフラは寸断されていた。しかし、大学に設置されていた発電機のおかげで復旧は他の地域よりも格段に速かった。最大の問題は通信手段がないこと。とくに、外部からの支援を受けるために必要な「連絡先」がなかったのである。

実は、それは意外な方法で解決された。

当初、石巻では、携帯電話の電波基地局がことごとく破壊された。しかし、初期の段階ではソフトバンクの携帯電話だけが生き残っていた。

山本とは別にボランティアとして石巻入りをしていたボランティア団体「め組ジャパン」の井上さゆり(26)は、自身のツイッターで、株式会社ソフトバンク代表取締役社長孫正義宛てにこうつぶやいた。

「震災支援をはじめるので、ケータイ電話が欲しい」

すると、翌々日には4００台のケータイと10台のアイパッドを、同社の社員がトラックで届けてくれた。井上も驚いた。

「もちろん、〝ダメもと〟でつぶやいたのですが、まさか現実のものになるとは思いませんでした。しかも、通話料は3カ月間の期限付きでしたが無料でした」

これは予想もしない展開だった。

こうして、自分たちの「連絡先」を手に入れた山本は、小林を中心に炊き出し支援募集のための連絡先をウェブ上に公開した。

全国から多数の電話が寄せられたが、「石巻専修大学」と伝えるだけで、たとえ石巻にゆかりのない人でも目的地がはっきりした。公共施設なのでどんな地図にも載っているし、カーナビにも反応した。

順調に支援物資は集まりはじめた。

となると必要なのは「物資倉庫」。しかも、物資の仕分けやある程度の量を保管するためには、それなりの場所、空間が必要だ。

そこで白羽の矢が立ったのが大学野球部の屋内練習場だ。

50メートルプール3つ分の広さがあり、屋根があるので雨露も凌げる。何より、100台収容できる駐車場に面しており、10トントラックの出入りも可能だ。

この「物資倉庫」にある支援物資は、「社協」も「協議会」も関係なく、必要なものは

野球部の屋内練習場を支援物資の倉庫にした（写真／上野祥法）

譲りあって使用する体制を整えた。山本は言う。

「刻々と変わる被災地のニーズに合わせて、全国から寄せられた支援物資を仕分けし、必要とする人の元へ届けるには、大量の物資を一度に保管できるスペースが必要なんです」

現在、避難場所の指定はあっても、援助物資の倉庫は想定されていない。事務局の機能と合わせて、どれだけ機能的な物資倉庫を持つかで、どの程度の支援を実現できるかが決定づけられると言っていい。

また、物資を送る側にも「想像力」が必要だ。倉庫がないばっかりに、食糧や防寒具などが雨ざらしになったり、不要な援助物資の処理が被災地の重荷になっている事実は知られていない。

物資を送る際には、送り先に必ず連絡を入れ、必要な物資と、送った際に収容スペースがあるかなどを質問したほうがいい。

今回、大型トラックにいっぱいの「靴」を積んでアポ無しでやってきた企業があった。これを物資として引き取ってほしいという。しかし、人によってサイズ差もある「靴」の配布は難しい。企業の担当者に話を聞くと、持ってきたのはいいが、行政はじめどのボラセンでも受け取ってもらえなかったという。こういう、善意が先立った物資のミスマッチは、被災地の至るところで発生した。

大テント村が出現

災害時のボランティア受け入れの最大のネックが宿泊場所の確保だ。

のべ10万人のボランティアの受け入れを実現した「石巻モデル」では、最大時、一日900人を収容する宿泊場所の確保が必要だった。

それを実現したのは、全天候型の陸上競技場と多目的グラウンド。ここを、ボランティアのための一大テント村にしたのだ。

グーグルアースを使って石巻専修大学をのぞくと、400メートルトラックの周囲におびただしい数のテント群が見える。最大300張り、2000人分のテントが並ぶ光景は

光がともったボランティアのテント＝2011年５月７日、石巻専修大学

壮観だ。しかし、テント暮らしには様々なリスクもつきまとう。中でも「天候」には振り回された。

私が石巻入りをした3月末、日中でも気温は10度に届かない。

ボランティアと同じく、このテント村に自前のテントを持ち込んで宿泊させてもらったのだが、初日から季節外れの大雪に見舞われた。ヒートテックの下着、その上から3枚重ね着をした。一番上はダウンジャケット。深夜、そんな着膨れの姿のまま雪山用の寝袋に潜り込んだのだが、慣れるまで体がガタガタ震えた。

夜間、気温は氷点下まで下がった。もう一枚、さらに毛布をかぶっても底冷えがした。

早朝、人の騒ぎ声で目を覚ました。外に出てみると雪の重みで隣のテントが潰れている。地表にも5センチほどの積雪があった。若い大学生の女の子が、潰れたテントを一生懸命に修理している。手は霜焼けだろうか、真っ赤に腫《は》れ上がり痛々しかった。

ある日は強風の洗礼を受けた。

取材から戻るとテントというテントが風になぎ倒され、ひしゃげていた。テントの骨組みが無残に飛び出し、折れて破損しているものもあった。あたり一面に荷物が散乱し、その中から自分のものを探して歩いた。

しかし、いちばんこたえたのは「豪雨」と「余震」だ。

春先の石巻は一日の間に何度も天気が変わった。汗ばむほどの晴天が一転して、突如、1メートル先も見えないほどの豪雨が襲ったことがある。帰ってみるとテントの下敷きが、5センチほど水没していた。

震度6強の余震にも遭遇した。

深夜、ピースボートの本部テントで取材をしていると、ドーンと下から体が突き上げられた。激しい横揺れが続き、すぐに津波警報が轟いた。見上げると、頭の上の高圧電線の鉄塔が揺れ、電線が大きくたわんでいる。

しかし、スタッフの対応は冷静だった。

すぐに、運動場の一角にボランティアが集められ、グループに分かれて点呼。そのまま、協議会の事務局のある5号館の4階に避難した。地元の住民が、寝間着のままラジオと水の入ったペットボトルを抱えて避難しているのが印象的だった。

当時、まだ通電していない山側を見ると、車の赤いテールランプが山の稜線を描いていた。今回の大津波では車で避難した人が多く犠牲となったが、それでもまだ車で逃げる人は大勢いた。

2時間ほどで警報は解除され、順次、ボランティアもそれぞれのテントに戻った。

この緊急避難の態勢に限らず、天候が急変した場合もスタッフがテントを回り、深夜でも避難、誘導を促す。その際、「大学校舎」が大きな役割を担った。普段は事務局としてしか使われていない校舎が、非常時の避難場所となったのだ。

山本隆は、ボランティア滞在時の安全についてこう指摘する。

「被災地でのボランティアは自己判断が基本です。しかし、ボランティアを受け入れる以上は非常時の想定も必要です。『津波の被害がなかった』『地震の直接的な被害を免れた』『緊急時に避難できる3階以上の校舎がある』。この3点から、このボランティア村は安全が確保されていると思いました」

震災後、非常時に「大学校舎」をボランティアの避難場所として開放する試みは、「社協（ボラセン）」「協議会」「石巻専修大学」の三者で合意されている。

大問題の「食事とトイレ」

宿泊と並んで、ボランティア滞在の大きなネックが「食事とトイレ」だ。

「被災地に行ったら太った」

今回、取材をしたボランティアの半数以上がそう答えた。

「食べなきゃという強迫観念から、気がついたらカロリーメイトをいつも食べていた」

「前のボランティアが置いていったカップ麺、レトルトカレーが山のようにあった」

震災から二カ月たった頃の取材だ。

震災当初は食糧が枯渇し、被災者でも一日の食事が紙コップ半分のおでん、冷凍のままのチキンナゲット数個という日もあった。ゴールデンウイークあたりから、徐々に街なかのコンビニやスーパーマーケットが開いたが、朝9時から夕方5時まで拘束され、昼間の行動は制限されているボランティアにとって、最大の楽しみは夕食である。といっても基本は自炊だ。

朝はバナナと飲むヨーグルト。昼はカロリーメイト。夜は湯煎で温めるご飯と持ち寄りの缶詰やレトルトカレー。中でも人気だったのが、ビタミンCを補うための「丸ごと一個キャベツ」。マヨネーズをつけて食べたり、缶詰のシーチキンといっしょにパンに挟むなど応用が利くそうだ。

これが一般的なボランティア食である。

中には、テーブルコンロを持ち出して、簡単な調理をしている人も見受けられるが、調理には「水」が必要である。

また、「食」に関連して仮設トイレの設置もボランティアの受け入れには欠かせない。

当初、社協がボラセンの設置と共に手配したのは八つの仮設トイレ。しかし、当然ながらその数では、数百人単位での受け入れは難しい。

そこで、山本が頼ったのは「APバンク」。毎年、6万人規模の野外音楽イベントを開催してきた。仮設トイレは彼らにとっても欠かせないアイテムだった。山本は代表理事を務める小林武史に直談判する。

「APバンクとしてもボランティアを派遣するということになり、だったらということで

10台の仮設トイレを貸してもらうことになりました」

実は、この時点で仮設トイレを手に入れるのはかなりの困難だった。国や地方自治体が、避難者の仮設住宅建設のため、仮設トイレを扱う業者を先に押さえてしまったのである。これは想定外だった。こうして、ボランティア増加に合わせてトイレの数を増やした。

しかし、ここで別の問題が頭をもたげる。

石巻市内ではそれまでトイレの排泄処理を担ってきた業者が全て被災してしまった。その中でも大手の宮城衛生社では、35台あったバキュームカーのうち、27台が津波に流され使用不可に。2カ月で18台にまで復旧したが、被災地全体がバキュームカー不足に陥っていた。

「とにかく避難所を優先しろと言われています。その上、台数が少ないので一日の回収件数は増えるばっかりです。100カ所以上回る日もあります」

担当者はそう打ち明ける。

また、津波被害を受けた沿岸部では、排泄物を溜める便槽に海水が混じり、バキュームカー自体が劣化する事態に発展した。新しい車が来るまで半年待ちという状況だと語った。

このような状況下、ボランティア用トイレの清掃をお願いできるのか。これには山本も頭を悩ませた。しかし、ここで地元で建設業を営む協議会の伊藤秀樹の人脈が生きる。すぐにトイレ清掃を管轄する市の「環境衛生課」課長に直談判した。当時、同課は遺体の埋葬や瓦礫処理など最も多忙を極める部署だった。

「石巻の復興のために溜まった排泄物だ。なんとかして車を回してほしい」

見事、その許可を得たのだった。

テント村には18台のトイレが設置してある。これらは男女に分かれており、ボランティアが交代で掃除を担当している。

地震発生当初から、大学内のトイレは一切使用しないというルールを設けた。被災時には人間の排泄物でさえ地元の負担になる。

ボランティアは「自己完結」が基本であると言われる。しかし、トイレひとつとっても、そこに人間がいるだけで地元の負担になる。だからこそ、問題を具体的に解決できる力が必要なのである。

生活のルール

山本は「石巻モデル」の成功の秘訣として、ここに集まるボランティアおよびNGOなど、団体間のもめごとが少ないことを挙げた。つまり、良い意味で団体間の協調性が保たれているのだ。

「これはNGOなどの団体の欠点でもあるのですが、誰かに『仕切られる』のを極端に嫌うのです。それは、災害支援という共通の目的があっても、その団体の設立の趣旨や経緯が違う以上、仕方がないことなのです」

確かに、「自己完結」の考え方ひとつとっても団体間の意識はバラバラだ。

例えば、ボランティアに食事を提供する必要はあるのか。長期で活動する個人を有償スタッフとして雇うかどうか。被災地までの交通費を自己負担にするのか否か……。挙げればきりがない。

しかし、「ボランティアを受け入れる仕組み」を作る以上、誰かがルールを決めなくてはならない。とくに問題なのは「作業」ではなく「生活」面のルールだ。

山本といっしょに石巻入りし、ボランティア受け入れの最前線で指揮を執っているピースボート災害支援コーディネーターの上島安裕（29）も、テント村の「自治」の難しさについてこう語る。

「多い時には1000人もの人間がいるんです。朝9時から夕方5時までの作業時間は問題ないのですが、被災地はそれから就寝までの時間が長い。日中、過酷な作業で疲れているからこそ気が緩んでしまうこともあります。些細《ささい》なことが原因で口げんかになったりします」

実際に、阪神大震災の時には、被災地での滞在が長くなるにつれ、飲酒やケンカ、夜通し騒ぐなどの事態が発生し、地元との軋轢《あつれき》を生んだ例が多数報告されている。

そんな中、上島はテント村が大学構内だったことが幸いしたと断言する。

「生活面のルールは大学の規則に全て従いました。『飲酒禁止』『喫煙場所の限定』『ゴミは持ち帰る』『夜、騒がない』。当たり前のことですが、大学だからという理由で自然と生活の中に秩序が生まれました。僕らが命令するのではなく、自然にその〝空気〟が醸成されたのはボランティアの士気に大きく関わりました」

神戸を経験した山本は、とくに「飲酒」の問題を指摘する。

「飲んで暴れるというのが、ボランティア迷惑論の根本なんです。神戸ではかなり多いケースだった。飲めば必ず不満が噴出する。それを見た個人ボランティアが困惑する。飲酒トラブルが元で、これまで築きあげてきた地元との信頼が台無しになるケースを何度も目撃しました」

それほど、テント村での飲酒を元にしたトラブルは深刻だという。

実は、同じことを石巻専修大学学長の坂田も懸念していた。

「もともと、うちの大学内は禁酒なんです。平時も、構内で飲酒をする際には届け出が必要なんです」

と前置きした上で、長年、学生と共に合宿所生活を送った経験から、大学構内における多少の「事件」には寛容な態度で接したと話す。

「例えば、ボランティアがテントサイトでコンロを持ち出しバーベキューをしている。夜間にもかかわらず声を上げて騒いでいる。これは、まぁ仕方ありません」

しかし、中には取り返しがつかない致命的なものもある。

「お酒を飲んで騒ぐ。車で構内を逆走するなど、大学のルールで禁じられている行為を犯した場合には、厳しい態度で接しました」

そもそも、大学をボランティアに開放する条件のひとつが「大学のルールを守る」。これは、行政、社協、協議会との間で何度も確認されていた。

しかし、坂田はこれまでの間、大きな問題は発生していない理由をこのように考えていた。

「ボランティアの窓口は、あくまで社協、協議会。彼らが安全弁の役割を果たしてくれました。ボランティアと大学当局が当事者の関係にならなかったことが、円滑な運営の鍵ではないでしょうか」

山本は、「ボランティアにとって居心地のよい環境」を整備することは、「ボランティア不要論との戦い」だと考えていた。

ボランティアの勝手な行動。その極みが飲酒をして暴れるケースだとしたら、被災地への負担を減らすという意味で他に徹底したのが、「被災者用の食糧を食べない」「不要なものだからといって援助物資を拝借しない」。そして「大学のトイレは使用しない」。当たり前だと思われるかもしれないが、実は被災地ではよくトラブルになるケースだ。

山本は、神戸が「ボランティア元年」と美化される一方、こうした「ボランティアの立ち居振る舞いの現実」が「ボランティア不要論」を必然的に作り上げたと考えていた。

「その意味では、テント村が大学という『学問の府』の中だった事実が、すでに紛争予防だったのかもしれません。すでにその場所に『秩序』が形成されていたわけです。これは、偶然だったのですが、石巻モデル成功の大きな秘訣だと思います」

私自身、ボランティアが酒を飲んで騒ぐという光景は、今回の大震災の被災地で見かけていない。関西と東北という地域性の違いも関係しているのかもしれない。

息抜きの「通勤バス」

実際にボランティアに参加した人に取材すると、被災地・石巻で見た共通の風景に心を癒されたという。

石巻専修大学の近くを流れる、石巻のシンボル「旧北上川」の向こうに沈む夕日である。一日の過酷な作業を終え、テント村へと帰路につく車窓からの風景である。

午前9時、専修大学のグラウンド前に集まったボランティアたちは、すし詰めの「通勤バス」に揺られ市内の現場へと向かう。この通勤バスは、ボランティアの移動のために、協議会が特別に手配したものだ。

当初、「ガソリン不足問題」を抱えていた石巻では、テント村から3キロ離れている市街地へのボランティアの輸送が難題となった。極端なガソリン不足のために、ちゃんと走れる車が確保できなかったのだ。個人の乗用車をなんとか工面し、およそ10台に分乗して市街地をめざした。しかし、時間がかかる上、効率が悪い。

そこで、山本隆が考えたのはボランティア専用の「通勤バス」。一度に40人近くを輸送できる上、ピストンで動かせば効率がいい。実際の手配は、伊藤秀樹が地元のバス会社に頭を下げ運転手付きで手に入れた。

実は、この現場へのボランティアの輸送手段の確保も、ボランティアを受け入れる際の大きなネックとなる。市街地までの3キロという距離は、普段なら歩けない距離ではないが、ボランティアの作業時間、ボランティアの体力を考えると徒歩で通うのは難しい。

そこで活躍するのが、被災地を走るボランティアの通勤バスだ。それでも、被災地ならではの交通事情に左右されることがあるが、この片道15分の「通勤時間」がボランティアたちにはよかったようだ。

「一日の作業を終え、バスに揺られる時間が息抜きになりました。同じ道、同じ風景を通っていると、必ず昨日より今日、町がきれいになっているのが分かる。充実した帰り道なんです」（ボランティアの大学生）

山本も、ボランティアのテント村が、津波によって壊滅的な被害を受けた旧市街地から離れていたことも、ボランティアの精神面にはプラスに作用したと考えている。

山本が支援に入った神戸市長田区の避難所では、ボランティアの宿泊所が避難所のそばにあり、ボランティアは被災者と同じ環境で生活を共にしていた。

住宅地の側溝から泥を掻き出す作業をする学生ら＝2011年5月4日

「被災者との距離が近いということは、それだけ気を使うということです。自分たちが食事をしていても周囲の視線が気になるし、時間に関係なく被災者の対応をしなければならない。自分のプライベートな時間が確保できないんですね」

また、避難所生活も長引くと人間関係も複雑になってくる。先述のように飲酒を発端にしたトラブルもあり、また、家族や兄弟を亡くした人の中には、PTSD（心的外傷後ストレス障害）に陥る人も出てくる。被災者の声を聞くことは大切だが、それにはボランティア側にもタフな精神力と余裕が必要だ。

今回も、作業中に突然動けなくなり、病院に運ばれた女子大生を取材した。臨床心理士による診断は「震災の二次被害」だった。前日、家財整理を手伝った被災者から、津波に流され大量のヘドロを含んだ海水を飲んで溺死しそうになったという生々しい話を聞いていた。たまたま、その翌日がヘドロ除去の作業で、その臭いを嗅いだ途端に恐怖が襲ってきたという。

こういったボランティアが陥る「二次被害」を防ぐためにも、肉体的、精神的に限界になる前に、なんらかの方法で気分をリフレッシュする必要がある。しかも、半ば強制的に行わないとそれは難しい。山本が述懐する。

「最初はこの距離がネックになりました。しかし、テント村と実際の作業現場が離れていたことで、ボランティアたちは自動的にオン、オフとせざるをえなかった。結果としてこれはボランティアの精神面にも余裕を生む良い結果になったのです」

旧北上川の向こうに落ちる夕日が、ボランティアを乗せたバスを赤々と照らし出す。一日の作業を終え、出会った被災者のことや、地元に残してきた家族や恋人へ思いを馳せながらバスに揺られる帰り道――。

穏やかな旧北上川が、ボランティアの心の隙間を埋めるように、静かに、たおやかに流れている。

第４章　顔の見えるＣＳＲ元年

1本の電話

2011年3月20日——。

株式会社ブリヂストン・ブランド推進部社会活動課長・室井孝は、宮城県東松島市のある場所に1本の電話を入れた。

後に、この「1本の電話」が同社の災害ボランティア派遣を成功させる最大の「鍵」となる。

この章では「企業の社会的責任（CSR）」の活動がどう展開されたかを報告する。

震災直後、「ブリヂストン」は義援金と物資合わせて3億円の拠出を発表した。だが、室井は阪神大震災の報道を思い出し、やがてボランティアの出番が来ると予想していた。その時は、社をあげて社員をボランティアに派遣したい——。

これまで述べてきた通り、震災直後の被災地へのボランティア派遣は、「被災地の負担が増える」と否定的な意見が世論の大勢を占めていた。しかし、準備だけはしておこう。すぐに、室井は宮城県岩沼市に個人ボランティアとして参加し、現地の調査をはじめた。

4月中旬、室井の予見は的中する。ボランティア派遣に対する風向きが変わった。早速、温めておいた「ブリヂストン災害ボランティア派遣案」を役員会に提出した。そして自らプレゼンに臨んだ。

室井が提案したプランは以下の通り。

○日程　2泊3日

木曜日の15時15分（ブリヂストン本社前集合）→宮城県石巻市へ（車中泊）→金曜日早朝・石巻着。終日作業（民宿泊）→土曜日・午前中作業、午後、バスにて帰路。深夜東京着。解散。

○条件

参加対象は国内にある関連会社を含む役員と従業員。募集は1カ月に2回。1回の定員はバス1台分に相当する40人。本社から被災地までの往復交通費、宿泊費、食費、作業に必要な装備は全て会社負担とする。派遣期間は半年間。

会社が創立100年の節目であったことも幸いし、室井の提案はおおむね好評だった。しかし、以下のような3点の質問が出た。

①本当に被災地の役に立つのか？

②業務への支障はないのか？
③社員の安全をどのように守るのか？
①は、自らの体験を引き合いに出し、気持ちさえあれば、たとえデスクワークしか経験のない者でも、年齢性別問わず役に立てることを強調した。
②に関しては、集合時間を「15時15分」にしたのがポイントだった。同社は15時以降はフレックス制。木曜日の就業を全うした後に被災地へ。金曜日だけボランティア休暇を申請すれば会社への負担も少ない。
また、戻りを土曜日の深夜にしたのも工夫のひとつだった。現地での作業時間は減るが、日曜日を丸一日、休日に充てられる。体力的にも精神的にも、被災地を引きずらない配慮だ。

これらの行程については、人事担当者、自社の旅行代理店の知恵を借りて何度も練り直した。しかし、最も重要視したのは③への対応だった。ここで室井は一枚のペーパーを取り出す。

「私が被災地で撮影した写真や映像を、自社工場の危険回避マニュアルを作成する『安全推進部』に見せて意見をもらいました。基本装備に加え、破傷風の予防のための『釘踏み抜き防止の安全靴』。異臭を放つヘドロが目に入った時の応急処置の方法まで、専門家の意見を元に独自の安全ガイドラインを作成しました」

ブリヂストンでは、生産拠点における、重傷災害ゼロをめざし、設備安全の専門家であるSE（セーフティエンジニア）の設置、育成を行ってきた。つまり、危険回避のプロフェッショナル集団でもある。この経験が今回、最大限生かされた。

室井の周到な準備が奏功し、ボランティア派遣は半ば了承された。が、最後に問題となったのが宿泊場所だった。この時点で、被災地に近い民宿、ホテルは全て、仮設住宅建設のために全国から集結した建設業者で満室だった。

「で、半年もの間どこに泊まるんだ？　まさかテント暮らしというわけにはいかないだろう」

室井は即答した。

「すでに民宿を仮予約しています。朝、夕の食事に加えて、昼のお弁当も用意できるので安心です」

実は、3月20日の時点で室井が入れた「1本の電話」の相手先は、東松島市の旅館だった。なぜ、そんな機転が利いたのか？

以前、室井は鈴鹿サーキットでイベント関連の仕事をしていた。その際、大きな大会が終わると、各チームがこぞって来年の大会に合わせてホテルの争奪戦を展開した。室井は、当初から被災地でも同じことが起こると予想していた。

「せっかく会社に了承されても宿がなければ話にならない。個人ボランティアの方には申し訳ないが、さすがにテントでは了承されなかったでしょう。しかし、3月の時点で半年先の予約をするのですから、会社の名前を出すとはいえ、個人の裁量を完全に超えていたのかもしれません（笑）」

企業ボランティアの強みは、こうした企業活動でやしなってきたノウハウや知恵を、災害救援にも即、生かせることだ。

冒険家経営者のリスクマネジメント

「よし、ここだったらもし原発が爆発しても蔵王、月山、朝日の連峰が壁になって放射能から私たちを守ってくれる」

災害発生から4日後、アウトドア総合メーカー「モンベル」代表取締役会長・辰野勇（64）は、ハイブリッドカーに乗って救援活動の拠点を求めて東北地方を探索していた。

「モンベル」の辰野勇・会長は、日本を代表する冒険家でもある（写真提供／株式会社モンベル）

国内最大のアウトドアメーカーである「モンベル」は、全国に70店舗を展開している。今回の大震災では、宮城県内の3店舗が全て被災し、中でも仙台塩釜港に近い店舗は大津波の影響をまともに受けた。

「幸い社員は全員無事でした。尋常ではない揺れの中、店長の機転で店から少し離れた高台に、周囲の人といっしょに避難したそうです。店舗が入っていたモール施設は、近代的で頑丈な設計でしたから、店長の咄嗟の判断がなければ、あの場に留まっていたかもしれません」

辰野は日頃から、リスクマネジメントの極意は「想像力」と社員に教えてきた。

21歳でスイスアルプスのアイガー北壁を踏

破。その後も世界各地のフィールドに足跡を残してきた、日本を代表する冒険家でもある。

しかし、そんな辰野も、今回の大震災には声を失った。

「4階建てのビルの屋上に津波で押し流された自動車が乗り上げているんです。つまり、25メートル以上の水の壁が押し寄せたことになる。あの時、店長が従業員らを高台に誘導し、生命を守った行動を私は褒めてやりたいと思います」

辰野には忘れられない光景がある。

神戸を襲った直下型地震・阪神大震災を辰野は経験していた。

「モンベル」の起業後、大阪に続く2店舗目の直営店として、六甲山の麓《ふもと》に出店した店舗は半壊した。その直後、ひとりの客が寝袋を買いにやってきた。当時、夜間は氷点下近くになる厳冬期。防寒具としての寝袋を求めて長蛇の列ができた。

「あの瞬間、被災者支援はモンベルの宿命と心に決めました」

辰野はすぐに「アウトドア義援隊」を立ち上げた。厳しい環境下で自活できるアウトドア愛好家は被災者支援の即戦力となる。「人（ボランティア）」「物（物資）」「金（寄付）」を呼びかける手紙を書き、FAXで取引先をはじめ、アウトドア業界に広く支援を訴えた。

「自社製の寝袋2000個。テント150張りを提供したのですが、一企業だけでは限界がある。アウトドア業界は、それぞれに厳しいサバイバルを経験したアウトドア愛好家ばかり。こういう非常時の動きは速く、力を発揮すると思いました」

16年前に立ち上げた、この「アウトドア義援隊」が今回も結成された。

山から学んだ哲学

山形県天童市――。

仙台から県境を越え、国道48号を40分ほど内陸に走れば、被災地とはまるで別世界が広がっていた。電気、水道、ガスなど生活インフラは生きている。自炊もできるし温泉まである。町のはずれに、今は使われていない電機メーカーの倉庫があると聞いて、辰野は駆けつけた。

物資の搬入、仕分け、搬出には十分の広さだった。辰野は、即断で契約。前線基地として、宮城県登米市と岩手県遠野市にも同様の拠点を構えた。

「まず自分の身の安全を確保してから人を助ける」

この哲学は「登山」から学んだ。命がけの冒険では、多くの仲間を失った苦い経験もある。だからこそ、人の生死がかかっている状況でためらっている時間はない。初動1カ月が勝負だと思い、社員からボランティアを募った。

「行政は公正さとか手続きを重視するから機敏に動けない。その点、企業はトップが判断すればすぐに動けるんです」

辰野は率先して最前線に飛び出した。アウトドア義援隊を結成し、モンベルの会員およそ30万人にも、「人・物・金」を募集。全国から300トンもの寝袋や防寒具が集まった。辰野は、これらの物資を、1カ月半かけて人海戦術で被災者に手渡して回った。

「こういう危機には、俺が行かずして誰が行くという、昔の江戸の町火消のような『侠気』が必要なんです。だからこそ、自分についてくる社員の安全は最優先で守ります。ただ、企業ですからいつまでもボランティア活動はできない。当初からどんな形で収束するのか、そればかりを考えていました」

結果として、モンベルのボランティア活動は2カ月間だった。全国に560人いる社員のうち、のべ300人がボランティアに参加した。部署に関係なく、現場で体を動かした日は、辰野の計らいで出勤扱いとなった。モンベルの撤退と時を同じくして、各企業のボランティアがその後を引き継ぐ格好で続々と被災地入りをした。

「この経験は10年後に必ず生きる。私としてもぜひ、連れて行きたい社員がいました。けれども、ボランティアは会社命令ではない。『被災者の力になりたい』という、あくまで個人の意思なんです。だから、会社が行くなと言っても行く。私はそうあるべきだと思います」

辰野は言葉をそう結んだ。

内閣府の調査では、8月末までに被災地でボランティアをした人は71万人余。阪神大震災と比べて、被災地の環境の厳しさからボランティアに入った人数は約半分にとどまる。だが、今回の特徴はCSRの一環として、お金（寄付）だけでなく人（ボランティア）を派遣する企業が続出したことだ。阪神大震災時を「ボランティア元年」とすれば、今回は「顔の見えるCSR元年」と呼べるだろう。ここ数年、ボランティア休暇を制度化した企業が増え始めていたことも後押しした。

企業ボランティアの多くは、交通費を含め必要経費は会社が負担する。ボランティア休暇を利用すれば会社も社員も負担は少ない。また、被災地の受け皿となる災害ボランティアセンターやNGOも、一定期間、組織された社会人が継続して来ることを歓迎した。

アメフト選手の「底力」

それは「IBM伝説」とも、「人間重機」とも呼ばれ、地元で語り草となっている。

宮城県石巻市では、津波によって市街地にもたらされた大量の瓦礫の処理と並行して、生活排水を流すために欠かせない、道路脇の側溝に溜まったヘドロの掻き出し作業が最大の山場を迎えていた。

しかし、網の目のように広がる途方もない距離の側溝は、重さ20キロのコンクリート製ブロックで塞がれている。清掃作業の前にこれらを全て手作業で開けなくてはならない。

そんな中、企業ボランティアとして派遣された「日本IBM」のアメリカンフットボール部「ビッグブルー」の選手らが驚きの成果を叩き出した。

一日に4トントラック50台分に相当する200トンのヘドロと瓦礫を8人で回収したのだ。

「10人のボランティアが、一日作業をして4トントラック5台。土嚢に換算して100個が限界です。200トンという数字は、マンパワーとして、パワーショベルなどの重機を上回る驚異の数字です」

と、受け入れを担当する山本隆も目をみはる。この〝偉業〟は、早速、石巻市の災害対策本部でも話題となった。

何より圧巻は側溝の蓋外し。一人がバールを使ってブロックを水平にずらす。すかさずもう一人が、両手でブロックをだき抱えるようにして持ち上げ一気にフィニッシュ。これを息が上がるまで連続で繰り返す。

「足腰を鍛えるのにうってつけのトレーニングですよ。僕らの持ち味はパワーとスピード、そしてチームワークですから」

ゼネラル・マネージャーの松本宗樹（36）は胸を張った。

ＩＢＭアメフト部は、創部35年の名門チームだ。所属する日本社会人アメリカンフットボールXリーグのオフシーズンに当たる5月末から16日間、トレーナー、チームドクターほか、ラグビー部にも声をかけ合計77人が被災地で活動した。

筋骨隆々のマッチョな男たちが、声を荒らげながら側溝の蓋を外しまくっている——。

この様子は、ユーチューブにもアップされ、実際に作業に入った石巻市新館地区では、人間重機集団「ビッグブルー」の名前を知らぬ人はいない。

「企業スポーツの存続が危ぶまれている中、フィールドの外でも結果を出したかった。自

分たちのスタイルに応じた〝現場〟があったのが選手たちの士気を高めました」（松本宗樹）

企業ボランティアの成否には、社内のCSR担当者が鍵となる。社会貢献担当部長・川嶋輝彦は言う。

「僕たちは『アレンジャー』だと思うんです。普段、ボランティアに携わる機会のないアメフト選手らの思いを、どのボラセン、NGOとつなげれば成果も出しながら満足させられるか。何度も受け入れ先の担当者と話し合い、言いだしっぺの選手と共に、納得するまで説明会にも足を運びました」

これまで、ボランティア作業は「瓦礫除去」「ヘドロの掻き出し」など肉体労働が中心だった。しかし、今後の「生活再建」の分野では、各企業の得意分野を生かした貢献が実現できるチャンスとも言える。であればこそ、被災地で受け皿となってくれる組織との事前調整は必要不可欠だ。

会社の上下関係を持ち込まない

大震災後、一年間は絶えず被災地にボランティアを送り続けることにしたのが三菱商事だ。社員による参加型社会貢献を実現しようという試みである。4月23日以降、チーム分けした社員を3泊4日で送り続けている。執行役員の廣田康人は、こう言う。

「企業がボランティアを派遣する意義は継続性です。受け入れ側に負担がかからないように、3日目に新しいチームが合流し、引き継ぎをする。会社の都合ではなく、被災地のニーズに沿って『常駐』する考えです」

来年4月までに送り出す社員は1200人。当初、1回10人という枠で募ったところ競争率は4倍。予想を超える反応だった。現地では入社1年目の新人と、勤続30年のベテランが一緒に働くこともある。リーダーは話し合いで決め、会社の上下関係は持ち込まないのが鉄則だ。

震災発生後、同社は独自の復興支援基金を立ち上げた。緊急を要する義援金、物資調達はもちろん就学困難者への奨学金、被災地の復興、復旧に携わるNPOや社会福祉法人への助成金に加え、ボランティア派遣に必要となる5千万円の経費も計上した。拠出額は3年間で総額110億円。日本企業の中では突出している。

三菱商事は企業ボランティアの先駆けだ。38年前、CSRという言葉も概念もない時代に「社会貢献室」を創設している。毎年、一人親家庭を対象にした「母と子の自然教室」

の企画、運営をボランティアの社員が行う。廣田はそれが目的になってはいけないと前置きした上でこう話す。

「普段とは異なる環境に身をさらし、命令ではなく、自発的に誰かの役に立つ経験は必ず、人生の糧となります」

「アイパッド」が威力を発揮

企業の作り出した製品が、被災地でボランティアの〝武器〟になった例もある。

「太平洋に突き出た牡鹿半島の被災状況が最悪です。津波によって道路が寸断され、援助物資の搬入もままなりません」

視察から帰ってきたボランティアが山本隆に訴える。

山本は、ソフトバンクが被災地支援の一環として提供した「iPad（アイパッド）」をその場で開き、「グーグルアース」に接続した。画面には、津波に呑み込まれ、瓦礫と化した海辺の集落の様子がくっきりと浮かび上がった。

「沿岸部から1キロ以上も内陸に被害が及んでいる。ここに避難者がいるんだね（表示された家らしきものを指さしながら）」

「はい、この入江の脇の道は寸断されているので、物資を搬入するために、大きく迂回しなければなりません」

アイパッドを覗き込みながら二人のやりとりは続く。

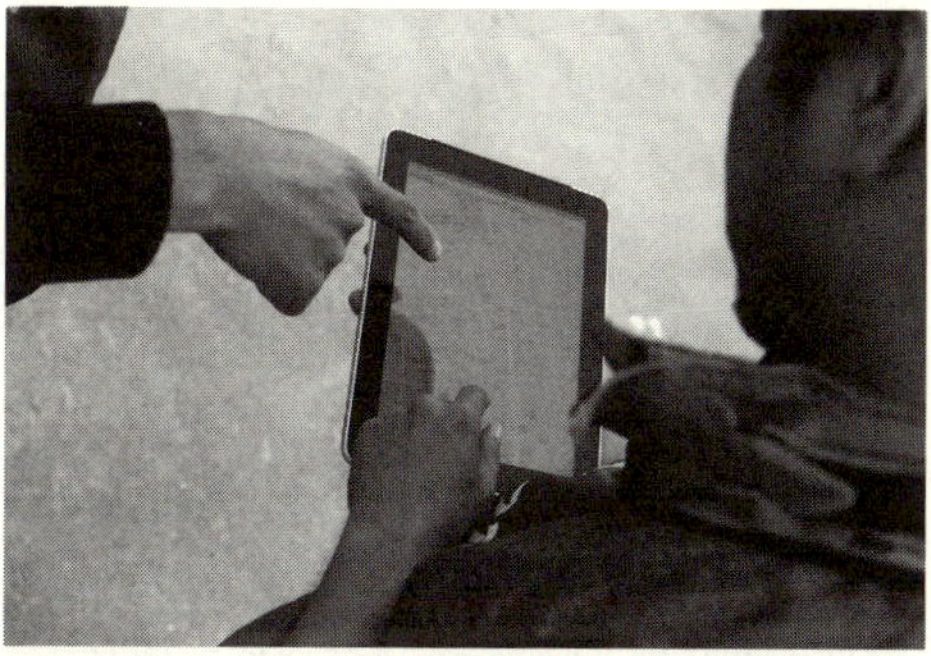
現場の状況も文字どおり「手に取るように」分かる（写真／上野祥法）

被災地において第三者情報を客観的に評価するのは難しいと山本は話す。

「『全滅です』『大変です』『凄いです』といっても、どの程度なのか、どの地域と比べてなのか分からない。また、初めて震災支援に携わるボランティアは実際よりも過大に判断してしまうケースが多い。だから、被害状況を聞く時は、必ずグーグルアースなどを使って、被災地の様子を可視化できる環境が必要なんです」

しかし、移動の多い山本にとって、ノートパソコンと無線ＬＡＮを持ち歩くのは不便だ。その点、小型パソコン並みの大画面を使ってインターネットに接続でき、軽い上に起動も早く、電池の耐久時間も優れたアイパッドは重宝するという。

ソフトバンク広報部によると、

「1万7千台のケータイと関連商品を被災地に提供しました。また、臨時基地局（のべ129カ所）の開設とユーザーをサポートするメンバーを当社のグループ社員から公募したのです。のべ440人のボランティア社員（技術チームとボランティア社員で、のべ1229人）が被災地に赴き活動をしました」

同社は、復興支援ポータルサイト『みんなでがんばろう日本』の運営や、救援物資のスムーズな供給をアイパッド上のシステムに一元化させた「救援物資マネジメントシステム」の開発など、自社を含む関連企業の商材を使った支援にも積極的だ。

阪神大震災時には、仮設の公衆電話に被災者の長蛇の列ができた。それに比べると、携帯電話の登場は被災地の風景を大きく変えた。とくに今回は、SNSやツイッターなど、インターネット経由の通信インフラが最後まで生き残り、被災者間の安否確認や初動の人命救助に大きな役割を果たした。

しかし、時間の経過と共に、電力の供給が途絶え、電源確保が困難となった携帯やアイパッドは機能麻痺に陥った。その復旧には大きな時間を要した。

「避難所を中心に、発電機と衛星回線を利用した復旧に努めました。これまでにのべ789人の技術チームが被災地に入り、衛星回線を使って復旧した基地局は244局です。また、10台の移動基地局車が出動し、現在も7台が稼働中です」

と、同社広報部は説明するが、来る災害に向けて、これら通信インフラの早期復旧には大きな課題が残る。山本は、ジェネレーターと外付けのバッテリーを持ち込み、電気復旧までの数週間を凌《しの》いだ。

成果の可視化

アイパッドやiPhone（アイフォーン）などが、今後の震災支援のあり方を大きく変える可能性があるのだろうか?

山本隆の提案で作業の前後にボランティアが実践していることがある。瓦礫処理に入る前と後の様子をアイフォーンを使って定点撮影しているのだ。

「作業の成果を可視化することは、ボランティアの士気にもつながります。また、町が少しずつ復活する様子も分かるので、これをアイパッドなどを使って共有すれば、仮に東京にいても石巻の復活の様子を見ることができるのです」

現在、山本は現場におけるボランティアの最大のストレスを解消しようと、あるシステムの導入を模索している。

「通常なら片道20分で到着する現場への道が、急な工事で通れなかったり、地盤沈下の影響で満潮時には道路が冠水して封鎖されたりします。その結果、現場のボランティアは、何も知らされないまま1時間近く無意味に待たされるのです」

ここは被災地なんだと頭で分かっていても、理由を知らされないまま長時間待機させられるストレスは現場の混乱を生む。

そこで、バスやトラックの運転手にアイフォーンを携帯させ、GPS機能を使って、その位置情報をアイパッドの地図上に表示させようというのだ。

「瓦礫の撤去も、最終的には現場と処分場を往復するトラックの時間に左右されます。なぜ、戻ってこないのか、今どの辺りにいるのかを地図上で把握することで、仕事の配分の目安にもなるし、現場のリーダーは参加するボランティアや家主さんに実際に現在地を見せて、納得してもらうことができるのです」

驚くのは、山本が所属するピースボートでは、専属のスタッフは山本を含め3人。現場のリーダーは経験を積んだボランティアが2週間ごとに引き継ぎ、このスタイルで、ときに2000人以上のボランティアを組織している。山本の言葉は続く。

「広範囲に分かれて作業をしているボランティアが、支援に必要な膨大なデータをどうやって共有するのか。今までは本部と現場のやりとりの実務に最も人手がかかりました。しかし、アイパッドの登場によってそれが不必要となり、格段に組織の機動力が上がったのです」

今回の大震災では災害支援のポータルサイトが多数登場し、援助物資や募金先などの情報が巷に溢れた。一方、それらの情報が被災地に支援に入るボランティアの武器となった例はほとんどない。山本は開発の過程に問題があると言う。

「次の災害に備え、アプリケーションを含む被災地支援の独自システムを、共同で開発できる技術者が現地にいたら嬉しいですね。だいたい、そういう人は被災地にやってきません。だから出来上がったものが使い物にならないケースが多いのです」

また、行政関係者など、アイパッドを触ったことがないという人が多いのも課題だ。

「被災地の現場って、それが全てになってはいけないんですね。インターネットが全てを解決するとか、アイパッドがあれば大丈夫、そんなことは絶対にない。どうやって使いこなすか、大切なのはそれを使って、どれだけ多くの支援が実現できたかだと思います」

消極的な企業も

ブリヂストンやモンベルなど、成功した企業がある一方、ボランティアをしたいという社員の思いを、会社が受け止めきれないケースもあった。

大手旅行代理店でサービスマネージャーを務めるA子さん（29）は、大学時代を仙台で過ごしたこともあり、どうしてもボランティアとして東北の手助けがしたいと思った。そこで、社長に直接、ボランティア派遣の提案をした。

しかし、返ってきた答えは、「震災で会社が大変な時に、どうしてボランティアなんだ。休みを返上して働いてほしいくらいなのに……。それに、多額の寄付をしてるんだよ」

就職浪人して入った憧れの会社だった。待遇もよかった。しかし、社長のこの一言で、一瞬で会社への「愛」が醒めたという。会社の「行動憲章」には「平和」「環境」「社会貢献」と聞こえのよい言葉が躍っていた。

「非常時って、会社の本性というか、素性が分かるんです。普段、いいことを言っていても、結局は金出してるんだからいいだろって上から目線なんです。自分が汗をかこうという発想がない」

結局、A子さんは辞表を提出し、個人でボランティアとして東北をめざした。

しかし現状では、こう考える経営者が一般的なのだろう。

大手半導体メーカーでは、新入社員の研修の一環として被災地でのボランティアが計画された。しかし、自発的な行動が求められるボランティアの現場に、会社の組織論が持ち込まれて失敗したケースでもあった。

「新入社員の中に、元山岳部出身のIさんがいたんです。体力もあり、率先して体を動かしていました。自然に彼がリーダーとなり、受け入れのボラセンのスタッフからも厚い信頼が寄せられました」

と、同じチームだったYさんも、Iさんの機敏な動きに敬意を払っていた。

そんな時、Iさんの部屋に夜中、本社の人事部から電話が入った。その内容は、活躍するのはいいが、引率している課長の顔を立てろという指示だった。研修の目的は、「個人の自主性とチームワークの確立」のはず。

いっぺんに会社のあり方に疑問を抱いたとIさんは打ち明ける。

「被災地という場所で、新人研修というのもおかしいと思いました。そもそも、個人の自主性が尊重されていない。その上、上司を形式的に立てろというのですから本当に呆れました」

思わぬ成果

企業ボランティアの現場で、予想もしなかった思わぬ成果も生まれた。

先述したブリヂストンでは、社員たちが率先して、ボランティアマニュアルを進化させた。例えば、普段はタイヤ工場で働いている作業員が、作業用半そでカバーの導入を提案した。これは、炎天下の作業では長そでが基本だが、それよりも、半そでシャツを着て、部分的に業務用の腕カバーを装着した方が快適で作業も楽だというのだ。

また、やはり工場で働いているエンジニアが、落ちている廃材を使って、ネコと呼ばれる運搬用一輪車に乗せた数十キロのヘドロを、女性でも簡単に土嚢に直接流し込める作業台を作った。

「私たちにとって工場で出る廃材は宝の山。どうすれば工程の改善をできるか、廃材を見てそればかり考えています」

と、その社員は胸を張った。

一連の創意工夫は、現場のＮＧＯのスタッフの目にも留まり、その完成度の高さは評判になった。

何より予想していなかったのがボランティア終了後のアンケートだった。

「自分たちの会社の底力を垣間見た」「自社の製品を誇りに思います」など、改めて会社と自分の関わりを再確認するコメントが溢れた。

ブリヂストンで一連のボランティア派遣に尽力したブランド推進部社会活動課長・室井考は、親子連れで参加した小学生の息子が記したコメントに目頭が熱くなった。

「『大きくなったらブリヂストンの大人のようになりたい』って書いてありました。ああ、次世代に少しは大人の背中を見せてあげられたって嬉しくなりましたね」

先述のモンベルでは、被災地がきっかけで新商品も開発された。会長の辰野勇は、津波被害が深刻だった沿岸部の避難所で、あることに気がつきすぐさま商品化した。

「海抜が低く、以前から津波の被害が想定されていたのに、ライフジャケットがどこにもない。石巻で亡くなった方の９割が溺死。水面に頭ひとつ出ているか否かで生死が分かれたというのです」

そこで、考え出したのが、普段はクッションで、いざという時に首からかぶるだけのライフジャケット。これを、東南海地震に備え、海抜が2メートルを切る紀伊半島の沿岸の小学校に寄付しようと計画している。以下、辰野が石巻でつかんだ「思い」である。

「次はひとりでも多くの人が生き残ってほしい。そんな人命を助けるための道具作りに携われるなんて、本当にメーカー冥利に尽きる。これこそ、本当の意味でのCSRでしょう」

第5章　行政とボランティアの連携

「災対会議」に出席した

「石巻モデル」の成功の秘訣はボランティアと行政（石巻市）との連携だ。

震災発生から1カ月たったある日、市長の亀山紘は、伊藤秀樹らの作った協議会をボランティア代表として、自身が責任者を務める「災害対策本部会議（以下、災対会議）」に出席させる決断をする。

災対会議は、非常時の行政における最高意思決定機関である。国や県、警察、消防、自衛隊などと並んでボランティアの代表として伊藤と山本隆が出席した。この背景には、伊藤が社団法人「石巻青年会議所」の活動を通じ、以前から石巻市に対して政策提言をしてきた経緯があった。

災対会議では、被災情報や避難状況、災害義援金の分配に至るまで、各担当の部署から細やかな報告が行われる。伊藤と山本も、ボランティア参加数、炊き出し数、瓦礫撤去の実績などを発表した。毎日の成果を〝数字〟で報告したのだ。

「昨日の炊き出しは2万食。瓦礫処理にボランティア1200人参加です」

静まり返った会場から、時折「おーっ」とどよめく声が聞こえる。

瓦礫が残る住宅地での炊き出し（写真／上野祥法）

ボランティアという組織された「数のマンパワー」は、ある時期から、行政関係者の間でも無視できない存在になってゆく。しかし、当の亀山も最初からボランティアに過度の期待を寄せていたわけではない。

「私自身、地域のボランティアに携わってきました。だからこそ、その意義は十分に理解していたつもりです。しかし、その活躍については未知数だと思っていました。なぜならば、ボランティアは実態がないというか、とらえどころがない存在であることを体験で知っていたからです」

神戸以降、ボランティアは「善意」と「任意」という二つのキーワードで語られてきた。その結果、「実態がない」「責任所在が曖昧」

といったイメージがつきまとう。事実、石巻のように数千人規模でボランティアが集まる場所もあればそうでない地域もある。

「今日何人のボランティアが参加するのか、それは当日の朝にならなければはっきりしません。事前に連絡をもらうのですが、交通事情などで時間に遅れたり、結局、来なかったという人もたくさんいます」

と、各地のボラセンのスタッフは同様の言葉を口にする。

とくに、被災者の要望に対して、集まった個人ボランティアを派遣する「社協」の場合、被災状況に応じてボランティアの数を確保するのは一番の課題だという。

だからこそ、伊藤と山本がこだわったのは、行政に対してボランティアの数を保証し、その成果を具体的に報告すること。数のマンパワーが行政に信頼されたことで、ボランティアの立ち位置は大きく変わった。

「まちなかスマイルプロジェクト」

そのきっかけとなったのが、4月10日に行われた「まちなかスマイルプロジェクト」。市役所へと続く石巻市の目抜き通りを、総勢1000人のボランティアが、一斉に瓦礫の搔き出しと清掃作業をしたのである。伊藤は言う。

「全国から集まった老若男女が、大破した車を人力で動かし、流木や瓦礫を撤去。最後はデッキブラシを使って道路の清掃まで行う。これを、1000人近くのボランティアが一斉に行うのですから、地元に与えたインパクトは大きかったですね」

1000人近くのボランティアが参加した「まちなかスマイルプロジェクト」（写真／上野祥法）

これを見た地元の被災者も、初めてボランティアの「力」を感じたという。

「全国からボランティアの方が集まってくださっていることは分かっていたし、感謝もしていました。しかし、彼らがどれほどの影響をこの町に与えるか考えたこともありませんでした。はっきりしているのは、彼らが作業をした後は、見違えて町がきれいになるということ。被災者だからといって、いつまでも下を向いていてはダメだと気づかされました」

と、住民のひとりは答える。

汚泥と瓦礫によって死に瀕した町が、ボランティアたちの力でその色を取り戻してゆく。

当初、伊藤が考えた「一斉清掃」には疑問の声もあった。瓦礫撤去は、あくまで被災者や個人からの要請に基づいて、社協を中心としたボラセンが担当していた。その結果、住民に対して支援は公平でないといけない。市街地の目抜き通りよりも、まずは住宅地を優先すべきだという意見だった。

しかし、この日を境に市民のボランティアに対する眼差しは変わった。山本もその変化を肌で感じていた。

「一日に何度も挨拶や、お礼の声をかけてもらうようになりました。時には、今はこれしかお礼ができないと言って、ざるいっぱいの野菜をもらったこともあります。この地元の変化は、ボランティアにとっても大きな転機だったと思います」

こうして、災対会議でも協議会の報告には注目が集まるようになった。また、当初は座る位置も、壁側に設けられたオブザーバー席だったが、その後は、ちゃんと机が用意されるようになった。

「確実な数字が上がってくることで、おこがましいですが、私たちも彼らに責任を与え、本当の意味で頼ることができました。行政の手が届かない場所を、しっかりと補塡してもらっています」

と、市長の亀山も伊藤らの存在を高く評価する。

災対会議に参加したことがきっかけで、これまで考えられもしなかったボランティアと自衛隊の連携が生まれていく。

今回の東日本大震災では最大10万7千人の陸上、海上、航空自衛隊が派遣された（原子力災害派遣を含む）。16年前の阪神大震災時には、政府が災害派遣要請に手間取り、自衛隊の初動が遅れたと大きな批判を浴びた。

その教訓もあり、今回は地震発生当日に防衛大臣による大規模震災災害派遣命令が発動され、菅直人首相はその規模を10万人態勢と発表した。航空機541機、戦艦59隻も出動し、被災者の救出や捜索、物資輸送や食糧支援などを行った。石巻には、のべ8200人ほどの自衛隊員が派遣された。

自衛隊も参加の三者会議

毎週、月曜日の午後。市役所では、自衛隊、ボランティア、そして、市役所で食料調達を任されている産業部の三者が集まって会議が行われている。これは同じ宮城県内の気仙沼市でも実践された。

この「三者会議」で、石巻市内の避難者への食糧支援が決定されている。

①行政による食糧支援

②自衛隊による指定避難所などへの炊き出し

③ボランティアによる指定避難所外への炊き出し、半壊居住者へ食事のデリバリーサービス

①に関して、石巻市では1日に最大1万食（1日2食計算）が配布された。当初、この計画は難航した。実際に食糧を調達する国（農水省）と地方（石巻市）の関係が、被災地を混乱させ、住民との間に軋轢を生んだのだ。

例えば、緊急時の食糧調達は、石巻市から宮城県、そして政府へと要請され、実際には農水省がこれを手配する仕組みになっている。ここで「賞味期限」が問題となった。地震発生直後、電気、水道、ガスなどインフラが停止した被災地では、手軽に食べることができるコンビニおにぎりや菓子パンが重宝された。

これらの多くは首都圏で製造され、半日をかけて石巻へ輸送される。いったん石巻市が

集約した後、大手宅配業者の佐川急便によって被災者の元へ配布が開始される。菓子パンの製造元である山崎製パンも直接、自社製パンを自らの車で宅配して回った。

この過程で、製造から38時間という賞味期限が守られないという問題が発生した。緊急食糧を統括する石巻市の産業部次長・水野正昭（57）は、対応を改めてほしいと国（農水省）に要請した。

「非常時だということは分かる。しかし、せめてあと半日早く届けてもらえないか。些細なことだと思われるかもしれないが、行政の被災者に対する姿勢が問われる」

しかし、事態は一向に改善されない。これには住民からのクレームが続出した。

「被災者などが贅沢を言えないのはよく分かる。しかし、地震発生直後ならまだしも、同じコンビニおにぎりと菓子パンが毎日大量に届けられる。もう誰も持って行こうとしない。もう、一生分のおにぎりを食べた気分です」

地域によっては、1カ月以上も菓子パンとおにぎりだけで命をつないだ地域もある。結局、住民の要望が聞き入れられ、おにぎりが弁当に変わったのは、地震発生から1カ月後だった。

「おにぎり」を「弁当」に変更するだけでも一カ月かかる。もちろん、石巻市の担当者は、現地の状況を見て、何度もその変更を国に要望していた。

ある時、突然炊きたての白米1万8千食が農水省から石巻市に届けられたこともあった。

国の担当者はインフラが断絶した被災地を慮《おもんぱか》ってと説明した。

「なんの連絡もなしに突然、炊き上がったご飯が大量に届くなんて前代未聞。皿も箸もなく、誰がどうやって配り、被災者に食べてもらうのか」

結局、これが被災者の口に入ることはなかった。災対会議に出席する市の幹部は、被災地をバカにしていると怒りをあらわにした。

このように、食料調達ひとつを見ても、石巻市と県、国の連携は複雑かつもどかしい。

自衛隊も当初は困惑した

迅速な対応策を打てない行政機能を補完したのが、自衛隊とボランティアだった。

しかし、当初はそれぞれの組織が、お互いの性格と行動を把握できずにいた。

「突然、現れたかと思うと次の日はいない。あのボランティアは個人なのか、団体なのか責任者も分からないので、私たちとしてはあまり相手にしていなかったのが正直なところでした」（自衛隊幹部）

困った人を見つけたらすぐに手を差し伸べる。だが一見、場当たり的に見えるボランティアの行動に自衛隊は困惑していたという。しかし、実際には山本隆が所属するピースボート以外にも、複数の団体が炊き出しを行っており、協議会では全体会とは別に、炊き出しの分科会を結成した。石巻市内で行われているボランティアによる炊き出しは全て、協議会が窓口となり、その調整を山本が行っていた。

「ボランティアの側から見ると、自衛隊の行動が把握できなかったので、神出鬼没だと思っていました（笑）。しかし、実際に蓋を開けてみると、彼らには彼らのルールがあるのだと分かりました。この会議でお互いの状況を知り、炊き出しを重複することもなくなり、同じ献立が続くといったトラブルも解消されたのです」

三者会議の実現によって、自衛隊とボランティアの役割分担が明確となった。自衛隊は、より大規模な避難所を中心に活動し、ボランティアは半壊家屋の居住者が多く暮らす地域のコミュニティや、津波で多数の行政職員が死亡し、食事を作る時間も人員も捻出できない太平洋側の避難所を担当した。

また、自衛隊が提供する1週間先の献立も事前にボランティア側に文書で告知された。そして、供給過多になっている野菜や味噌、醤油など食材の貸し借りも日常的に行われるようになった。

「我が隊の野外炊具は、炊飯なら1回に200食と決まっています。あと50食追加と言われると対応できない。だから、避難住民の規模に応じて、小回りの利くボランティアを頼りにしています。最近では、白米と味噌汁を自衛隊、副菜をボランティアにお願いする避難所もあります」（原田高明・第6後方支援連隊・第一整備大隊長）

ある時、山本は自衛隊の幹部から一枚の地図を手渡された。それには、自衛隊が把握する全ての避難所、給水ポイント、物資配布所などが詳細に記されていた。

山本は興奮気味に語った。

「戦時であれば、この地図は作戦実行のための最高機密。被災下とはいえ、自衛隊がそれをボランティアとシェアするなんて今までは考えられない。同じ地図を見て支援活動を行うのだから、日によってなんの炊き出しもお弁当も供給されない〝空白の避難所やコミュニティ〟もなくなりました」

そして、この三者会議をきっかけとして、災害時の炊き出しに関する、新たな行政とボランティアの連携が誕生する。それは、石巻市の予算で調達した食材を、ボランティアと自衛隊が調理し、配布するというものだ。

これまで、ボランティアによる炊き出しは、その継続性が課題とされてきた。一日、数千人規模の炊き出しには、それなりの資金が必要となる。ピースボートは、肉や野菜などの食材を、西友や「生協パルシステム」、「大地の会」などからの現物寄付でまかなった。しかし、多くの個人や団体の場合、ボランティアが長期的な炊き出しを担うのは資金的に非常に難しい。

「震災発生2週間後から5月のゴールデンウイークあたりまでは、全国から炊き出しを希望する企業、団体が殺到し、石巻市の中心部は『炊き出し銀座』とも呼ばれていました」(山本隆)

しかし、時間の経過と共に、インフラが復旧し、炊き出しの需要も少なくなっていった。その結果、炊き出しを希望するボランティアの数も急速に減少した。一方、インフラの復旧が極端に遅い地域や、そもそも、家自体が流出し、避難所暮らしをせざるをえない人々が1万人単位で残った。

そこで、山本は市街地の使われていない居酒屋を借り受け、炊き出し専門の調理場を作った。もともと、石巻専修大学の屋外にあった調理場を、電気やガス、水道を自由に使える屋内に移したことで炊き出しの質と効率は目に見えて向上した。

「残された人々は、買い物に行くにも移動手段がなく、高齢者で自宅を動けない人もいました。大規模な避難所は自衛隊が常駐するとして、私たちはできる限り小回りが利くように、一カ所で作った食事を車に乗せて直接、ボランティアがデリバリーする仕組みを作ったのです。また、自炊するコミュニティには食材だけを届けました」

山本は、ここでも「必要とする市民がいる限り、炊き出しは継続する」と宣言する。

その結果、これまで自前で調達していた食材を、石巻市の予算で購入し、自衛隊との役割分担の上で、より行政と綿密に連携する支援体制が実現した。予算の心配をする必要がなくなったことから、被災者の体調や年齢などにより配慮した献立を作ることができるようになった。

一方、社協が運営するボラセンでは、なぜ「炊き出し」の支援は行われないのだろうか？

理由を尋ねると、社協の考え方として食糧支援は行政の役割であるという答えが返ってきた。しかし、震災直後、最大で避難者が5万人を超えるという状況下では、明らかに行政と自衛隊だけでは対応ができなかった。

被災者にとって、食料の確保はその生存に関わる。仮に避難者の数が減少したところで、

自衛隊が運んできた救援物資をボランティアたちが整理し配布する（写真／上野祥法）

被災時の食料確保は明確な行政の責任だ。山本のように、自分たちの責任を明確に宣言し、それを実行することで、行政もボランティアを頼ることができる。

この三者会議の実現の結果、食糧支援以外でも自衛隊とボランティアの連携が生まれた。

石巻市では、炊き出しなどの食料支援と合わせて、各避難所や地域コミュニティへの物資配布を自衛隊が行っていた。

そんな時、山本の元へ意外な要望が飛び込む。

「小学校での物資配布の際、女性ボランティアに力を貸していただきたい」

詳細を尋ねるとそれは、女性用の下着や

生理用品の配布だった。確かに男性主体の、しかも迷彩服を着用した自衛隊員が、いくら被災地とはいえ、女性用品を配っていたとしたら被災者側も困惑するであろう。山本は快諾した。

2004年に新潟で発生した中越地震の際、山本と共に現地入りをしたピースボートの上島安浩(29)は当時の自衛隊とボランティアとの関係をこう回想する。

「自衛隊とボランティアの間には、明らかな一線が引かれていました。雰囲気として連携をしようといった空気は一切なく、自衛隊のいない地域にボランティアが入って活動をする、そんな感じでした。もちろん、自治体の災対会議に参加することもありませんでした」

この間の自衛隊の変化はどうしてだろうか。その真相は分からないが、それも自衛隊が変わったのではなく、災対本部にボランティアが入った結果、好むと好まざるとにかかわらず協働せざるをえなくなったことは間違いない。

このように「石巻モデル」では、行政とボランティアの新しい協働を生んだ。これは日本の災害史に新たな1ページを開いたといってもよい。

過酷な現場

「ボランティアの役割は、行政機能の補完といいますけど、今回の件でよく分かったんです。伊藤さんや山本さんは、行政に代わって『行政サービス』そのものを提供したんですよ」

市長の亀山紘は、伊藤秀樹や山本隆らの活躍をこう評価した。

一方、これは亀山自身が、一連の震災対応の遅れに忸怩《じくじ》たる思いを持っている証でもある。事実、今回の震災では、石巻市役所の職員も「被災者」となった。亀山の自宅も津波で床上浸水の被害に遭いボランティアに泥出しをお願いした。

今回の災害で、石巻市役所の全職員1787人のうち、28人が死亡、20人がいまだ行方不明。住居の罹災率は5割を遙かに超えるという。市役所機能が完全復活するまでにはおよそ半年かかり、それまでの間は、日本各地の市役所職員がボランティアとして応援に駆けつけてこれを凌いだ。

石巻における災害ボランティアの象徴となったのが瓦礫の撤去である。

震災から半年が経過した今日も粛々とその撤去作業は進められている。もし、この作業

家屋は全て手作業でヘドロ除去を行う（写真／上野祥法）

を全て行政が担当し、仮に予算をつけて業者に発注した場合、どれほどの予算と労力が必要になったであろうか。

しかも、沿岸部の壊滅地域は重機を入れて、まずはさら地にする以外に復興の道はないが、重機が入らないような住宅地、また半壊家屋などは、全て手作業でこれを処理しなければならない。実際の現場を取材してみるととても過酷な労働である。

そもそも、瓦礫撤去は市内を幾つかの地域に分け、協議会と社協とで割り振りを行っている。その上で、住民立ち会いの下で作業が進められる。

まず、個人住宅などでは、屋内にある全ての家財道具を屋外に運び出すことから作業ははじまる。もちろん、使い物にならなくなった冷蔵庫や戸棚なども人力で動かす。これは男手が必要となる。高齢者や女性は、ヘドロで真っ黒となった食器、記念写真、靴などを水道水で洗い、使えるものと使えないものに分類する。

次に掃除。堆積したヘドロは粘性があり、時間がたつと硬化する。これらをスコップで掻き出し、土嚢《どのう》に入れた後、一輪車で指定の集積所まで運び出す。多い場所では、1日に200個を超える袋が積み上がる。

その後、仕上げとして畳など、板状のものを使って、床の表面にこびりついたヘドロをそぎ落とす。6人から10人が1チームとなり、一般的な住宅で丸1日から2日はかかる重労働だ。

阪神大震災時、ボランティアの仕事は「避難所」が舞台だったが、今回の震災では、活躍のほとんどの舞台は屋外。しかも季節が変わって炎天下での作業となった。

当初、石巻市は他の地域に比べ、ボランティアが多かったためマンパワーとして、こうした瓦礫撤去や泥出しなどの作業は順調に進んだ。しかし、ボランティアが集めた土嚢を指定の集積所まで運ぶトラックの確保に大変苦労した。

「ボランティアが苦労して瓦礫や泥を運び出しても、そもそも、それを集積所まで運ぶト

ラックがないことが問題でした。町の至るところに土嚢が山積みにされ、日がたつにつれて悪臭が漂うのです」(地元住民)

この一連の瓦礫撤去に関して、市役所内では「生活環境部」が窓口となっていた。しかし、住民からの要望が殺到した。その上、市役所の縦割り行政がここでは大きな仇となった。

普段、し尿処理や生ごみの回収など公衆衛生を担当する生活環境部は、パケット車と呼ばれるゴミ収集車や、粗大ごみを扱う小型トラックを扱う業者としか付き合いがない。一回に4トン以上の瓦礫を処理しようとすると、道路工事を発注する同じ市役所の「建設部道路課」に応援を要請するしかなかった。

しかし、実際の作業となると、道路課の出入り業者は公道の瓦礫処理は可能であっても、個人宅や商店内で発生したものは原則として手が出せないことが分かった。

仕事を受注する建設業者も複雑な心境を明かす。

「市から復興の仕事を受注しても、支払いを受ける目処が立たない。作業員への報酬を保証するため銀行につなぎ融資の相談を持ちかけても、震災特需の恩恵を受けた業者だと言って断られる。結局、雇用につながらないんです」

見かねた協議会も、建設会社を営む伊藤の伝手《つて》をたどってトラックや重機を独自に確保した。その他、東京に本社を置く大成建設などの大手建設会社からの支援などもあり、一輪車800台、スコップ2000本、デッキブラシ3000本を準備した。

このように協議会の強みは、各団体が独自のつながりを使ってトラックや重機、瓦礫撤去に必要な道具を準備できたことだ。そして、それらを団体の枠を超えて自由にシェアして機動力を向上させる点にある。伊藤が言う。

「ボランティアって誰に頼るのでもなく、自分たちの責任で活動するのが原則です。だからこそ、必要な道具は自ら手配し、それを独り占めしない。新しいトラックや道具が手に入ると、毎日のミーティングが盛り上がります」

今後の震災において、行政とボランティアなど民間の連携はさらに活発化するだろう。被災時とはいえ本来ならば行政が行うサービスの一端を任されるのだから、ボランティアといえどもより明確な責任が求められる。

「石巻モデル」では、伊藤と山本が所属する協議会が、単なるネットワーキングの場で終わらず、行政や自衛隊と対等に与えられた責任を全うした。そしてボランティアが被災時の災害支援の「機能」として行政や市民にも認められた意味は大きい。

第6章　災害ボランティアは企画力

全ては「企画力」

阪神大震災以降、世界各地で発生した自然災害の現場で活躍してきた山本隆は、災害ボランティアに必要なスキルは「企画力」だと断言する。

第2章で記したが、現在の災害ボランティアの窓口は各地方自治体の「社協」である。ここでは、日本各地から集まった個人を中心に、社協に寄せられた被災者からの要望に基づいて災害ボランティアの仕事は決定される。つまり、ボランティアを志願する人が、その具体的な仕事の中身を考える必要はない。

しかし、山本のように被災地に外から飛び込み、独自の支援をめざすNGO、NPOは、被災地での「企画力」が支援そのものを決定づけると言ってもいい。

地震発生当初、今回の被害規模を総合すると、当分の間はボランティアの出る幕はないだろうと語るNGO関係者が相次いだ。かえって、ボランティアが行くことで、被災地の負担が増えるという意見もあった。

しかし、そこに被災者がいる以上、ボランティアに可能な支援は必ずあると山本は反論する。

「被災地という現場を踏めば、明らかに人手が必要なのは分かっていました。しかし、なぜか地元はボランティアを受け入れようとしない。当初からそこに疑問を抱いていました。だからこそ、どうすれば被災地がボランティアを受け入れることができるのか。集まってきたボランティアにどんな作業を創りだすかを優先的に考えました」

というのも、当初から山本は一定数のボランティアを、継続して被災地に送り込む自信があった。その背景には、山本が所属するピースボートの活動がボランティアと深く関係していたからだ。

ピースボートでの体験

2011年7月中旬。横浜にある大さん橋港から一隻の大型客船が世界一周旅行へと旅立った。

全長238・4メートル、全幅29・4メートル。最大速度27ノット。最大定員1550人の「オセアニック号」は、ピースボートがチャーターする大型客船である。乗客はおよそ1000人。世界二大運河であるスエズ、パナマ両運河を経由し、およそ100日をかけて17カ国を旅して回るという。

ピースボートは1983年、早稲田大学の学生だった辻元清美ら数名の若者が創設した、国際交流を目的としたNGOである。当時のスローガンは「過去の戦争を見つめ、未来の平和を創る」。日本軍のアジアへの「侵略」が「進出」に書き換えられたという第二次教科書問題をきっかけに、学生たちが客船をチャーターして東西冷戦下のアジアを訪問したことがはじまりである。

ピースボートが日本中の注目を浴びたのは、企業ではない民間団体が初めて「世界一周の船旅」を実現させたことだ。1990年、当時20歳だった山本も、乗客としてこの船旅に参加した。そして、帰国後にピースボートの専従スタッフとなる。

現在、一般社団法人「ピースボート災害ボランティアセンター」代表理事を務める山本だが、普段は世界各地を飛行機で飛び回る「先遣隊」「先乗り」という、長期の船旅ならではの仕事人という顔をあわせ持つ。

山本の仕事は、船が寄港地に入る半年前に「先遣隊」として足を運び、船の寄港に必要な埠頭を確保し、港湾関係者、旅行会社、受け入れ団体などと打ち合わせを行う。その後、実際に船が到着する数週間前に「先乗り」として寄港地入りをし、最終的な受け入れの準備に奔走する。

実は山本は、「旅行企画」のプロフェッショナルなのだ。

「1000人の日本人をどうやって効率良くオペレーションするか。移動、食事、トイレ、宿泊……。いつもそのことばかり考えていました。その経験はボランティア派遣に大いに役立っています」

その上、ピースボートが立ち寄る港はただの港ではない。

観光旅行では行かないような「発展途上国」「元紛争国」「災害被災国」などが寄港地に多数含まれている。その上、「農村にホームステイ」「マングローブの植林ツアー」「パレスチナ難民キャンプを訪問」など、現地の人々との友好を目的とした「交流プログラム」が用意されている。

この「交流プログラム」を目当てにピースボートに乗る若者は多い。

豪華客船として知られる「飛鳥Ⅱ」「にっぽん丸」

2011年7月、世界一周旅行へと出航したピースボートの大型客船（写真提供／ピースボート）

なども同じ世界一周の船旅を手がけるが、乗客のほとんどは60代以上の高齢者。それに対しピースボートは、20代から30代前半の若者層が全体の4割を占める。旅行代金も豪華客船旅行のおよそ半額以下と格安である。

山本はそんなピースボートの看板ツアーの企画を担当してきた。しかし、見ず知らずの土地では準備の段階からハプニングの連続だった。日本国内のようにスムーズに物事が運ぶとは限らない。

「日本人を初めて見る海外の村で、一晩であってもホームステイを実現しようと思ったら、コミュニティの長となる人物の協力が必要不可欠です。相手の立場を尊重し、まずは自分が生活を共にして信頼関係を構築します。その上で受け入れ側にパートナーを作るのです」

世界遺産や大自然を訪れる観光ツアーであればまだしも、「人」を介した交流プログラムの実現には、それぞれの国が抱える事情や、受け入れてくれる相手の都合も重視しなければならない。時に政治信条なども関係し、地元の行政関係者とのつながりも必要だ。

山本は世界各地を訪問してみると、その国の華やかな側面ばかりでなく、そこに暮らす人が抱える様々な社会問題と遭遇するという。とくに、災害や紛争によって大きな打撃を受けた国々では、国際社会の支援が届かず、困難な生活を強いられている人々とたくさん出会ってきた。

そこで、大型客船で世界を旅行するというメリットを生かし、船に緊急支援などの物資を積み込み、船旅に参加した人が直接届けるというユニークな国際貢献を行ってきた。発足当時からピースボートの支援者だったジャーナリストの故・筑紫哲也は、そんな行動をするピースボートの若者たちを「新人類」と呼び生涯をかけて応援した。

山本は寄港地や被災地など、自分が訪ねて行く現場での人間関係についてこう語っている。

「自分のやり方を相手に押し付けないことです。船が岸壁を離れて、ひとつの旅行が終わった時に、お互いにいい仕事をしたと讃え合える関係が地元の人間と構築できれば成功だと思っています」

石巻でも同じ考えで

山本は20年間、世界各地の寄港地で仕事をしてきた。海外に限らず、石巻においてもそのやり方は同じだった。

「石巻の場合、やはり伊藤さんとの出会いは大きかったですね。地元出身で、その土地に精通していた彼の存在にどれだけ助けられたか。これまでの経験から何ができるか、ではなく、地元の伊藤さんが何を必要としているのかを汲み取って行動することで、結果として自分のスキルでやれることがどんどん広がったように思えます」

地震発生直後、石巻に入った山本は、いったん、同行していた小林と上島という二人のスタッフを残して帰京する。つまり「先遣隊」として、石巻の現状を東京に伝え、ボランティア派遣のための準備をするためだ。

この時、石巻の残る二人に、山本はこんな言葉をかけている。

「石巻社協のスタッフになった気持ちで積極的に動け」。つまり、ピースボートのスタッフとしてではなく、一ボランティアとして地元の社協の手伝いに徹しろという意味である。

その結果、小林らの動きが社協職員の目に留まり、「炊き出し」を希望するボランティアの集約を打診される。この役割分担をきっかけにして、当時、支援先を探していたボランティア団体が石巻に合流した。その後、地元の伊藤秀樹と、東京から戻った山本が出会い、「石巻モデル」のきっかけとなる協議会が設立されることになる。

今回、山本を受け入れた「地元」の伊藤はどのように思っているのか。

「自分はフィールド整備に徹するつもりでした。地元出身ということもあり、どの〝引き出し〟に頼れば物事が解決するのか分かるんです。山本さんは、よそ者のご本人にはない解決機能を持っている私を上手く使っていると思います。それは、石巻の復興のためにどうすれば具体的に、役に立てるかという彼の信念なんだと思います」

しかし、ピースボートの活動を支えているのは、「船に乗る人が船を出すためにがんばる」というユニークな「ボランティアスタッフ」制度と、日本各地に6カ所あるボランティアの活動拠点「ピースボートセンター」の存在である。

ポスター張りのノウハウ

東京都新宿区高田馬場にある山本のオフィス「ピースボートセンターとうきょう」を訪れると、ピースボートの専従スタッフとは別に、およそ50人の「ボランティアスタッフ」が忙しそうに何やら手を動かしていた。

元居酒屋を改造したという100坪のオフィスの壁には、「今月の街頭募金の成果」や「今必要としている援助物資」と書かれた手書きのポスターが、寄港地で撮った写真やピースボートの活動が掲載された新聞記事などに混じって張り出されている。

「オフィス」というよりも「秘密基地」。「仕事場」というよりも「文化祭の準備をしている部室」のような賑やかな雰囲気の中、学校帰りの大学生に混じって、大手証券会社をリタイヤしたという団塊世代の男性が机に向かって作業をしていた。

彼らはボランティアスタッフで、将来的にピースボートの世界一周の船旅に乗船を希望しているという。

この「ボランティアスタッフ」制度は、設立当初から続いているユニークな制度で、働いた時間に応じて、世界一周の船旅の乗船費用が免除される。

例えば、ピースボートを広く世間に知ってもらい、一人でも多くの人に世界一周の船旅に参加してもらうための宣伝ポスター張りも仕事の一つだ。確かに、街角に張られているピースボートの「世界一周」のポスターは日本各地で目に留まる。

私も彼らに同行して取材を試みたが、街なかの商店を飛び込みで訪問し、了承を得た上で店の外にポスターを掲示させてもらう。しかし、断られる確率も高く、街を半日歩いて50枚掲示できれば良い方だという。週末などは、全国で200人を超える人がこのポスター張りに参加しているというから驚きだ。

この他にも、ピースボートへの問い合わせの応対、資料発送などは比較的、年配の方が担当している。オフィスの一画には、次回の船旅の寄港地へと届ける大量の援助物資もある。日本各地から段ボール箱で送られてくる物資を開封し、必要なものとそうでないものに仕分けする。これは、年間を通じて行われている定番作業らしい。

オフィスの至るところで小さなミーティングが行われていて、活動の全てを把握するだけでも大変だ。このボランティアスタッフは、一回の船旅でおよそ2000人が登録するそうだ。そして、このボランティアスタッフ募集を目的とした説明会が、毎週末、最低でも日本各地の10カ所で行われている。設立から今年で28年。かなりの数のボランティアが登録されていることになる。

実は、この日常的なボランティアの活動が、災害救援の現場では大きな鍵を握る。なぜ、阪神大震災以降、各地の社会福祉法人（社協）が、災害時のボランティアの受け入れ窓口になったかというと、日常的に社会福祉事業を通じボランティアとの関わりがあるからだ。

「ボランティア」は「自発的な活動」と翻訳される。つまり、参加を希望する人が、自分のペースで活動に関わり、原則として自分の意思で行動する。ピースボートでボランティアとして活動する場合、そこには雇用関係ではない、組織（ピースボート）と個人（ボランティア）の関係が生まれる。

下は高校生から、上は80代の高齢者までがボランティアを通じて集まるピースボートセンターでは、会社組織のような命令型縦社会は存在しない。ピースボートのスタッフが、ボランティアスタッフに仕事を頼む時、全てできるかどうかを確認し、仕事の詳細を丁寧に説明している姿が印象的であった。ボランティアは命令では動かないということをスタッフは体で理解しているのだ。

ピースボートの強みは、こうしたボランティアとして集まった数百人、時に数千人の人間集団を効果的に動かすノウハウを持っていること。普段は、「世界一周の船旅」の参加者を集める仕組みそのものが、いざ、災害が発生すると、そのままボランティアの募集、被災地へのボランティア派遣の機能に変わるというから面白い。

マンパワーの仕組み

164、165ページの表Ⅱを見てほしい。

これは、ピースボートの災害救援の組織図である。左が東京本部、右が石巻。この全体に関わる人の数は、多い時には一日に1000人を超える。

東京の本部機能は、「ボランティア募集・派遣」と「寄付および物資の募集」が主な仕事内容である。特徴的なのは、ボランティアの募集・派遣のチームに10人以上の専従スタッフが投入されていることだ。「石巻モデル」を支える、ボランティアの数というマンパワーはこの部隊によって支えられている。

今回、災害ボランティアの派遣に関しては、4月後半からゴールデンウイークがピークとなった。メディア報道もボランティア派遣に拍車をかけたが、その後は被災県各地でボランティアの人手不足が課題となった。夏休みに入って、再度、ボランティアは被災地をめざしたが、現地が最も人手を必要としている時期と、ボランティアが被災地に向かったタイミングは必ずしも一致しなかった。

そもそも、今回の大震災はボランティア募集の前線基地となる大都市——ピースボートの場合は東京から350キロも離れていることで、個人で参加するとなると、交通費の他に必要経費を加え、かなりの出費を覚悟しなくてはならない。学生など若い世代にとってはこれが障壁となった。

東京部隊の最大の仕事は、

①「継続的なボランティアの確保」と

②「ボランティアの個人負担を少なくする努力」である。

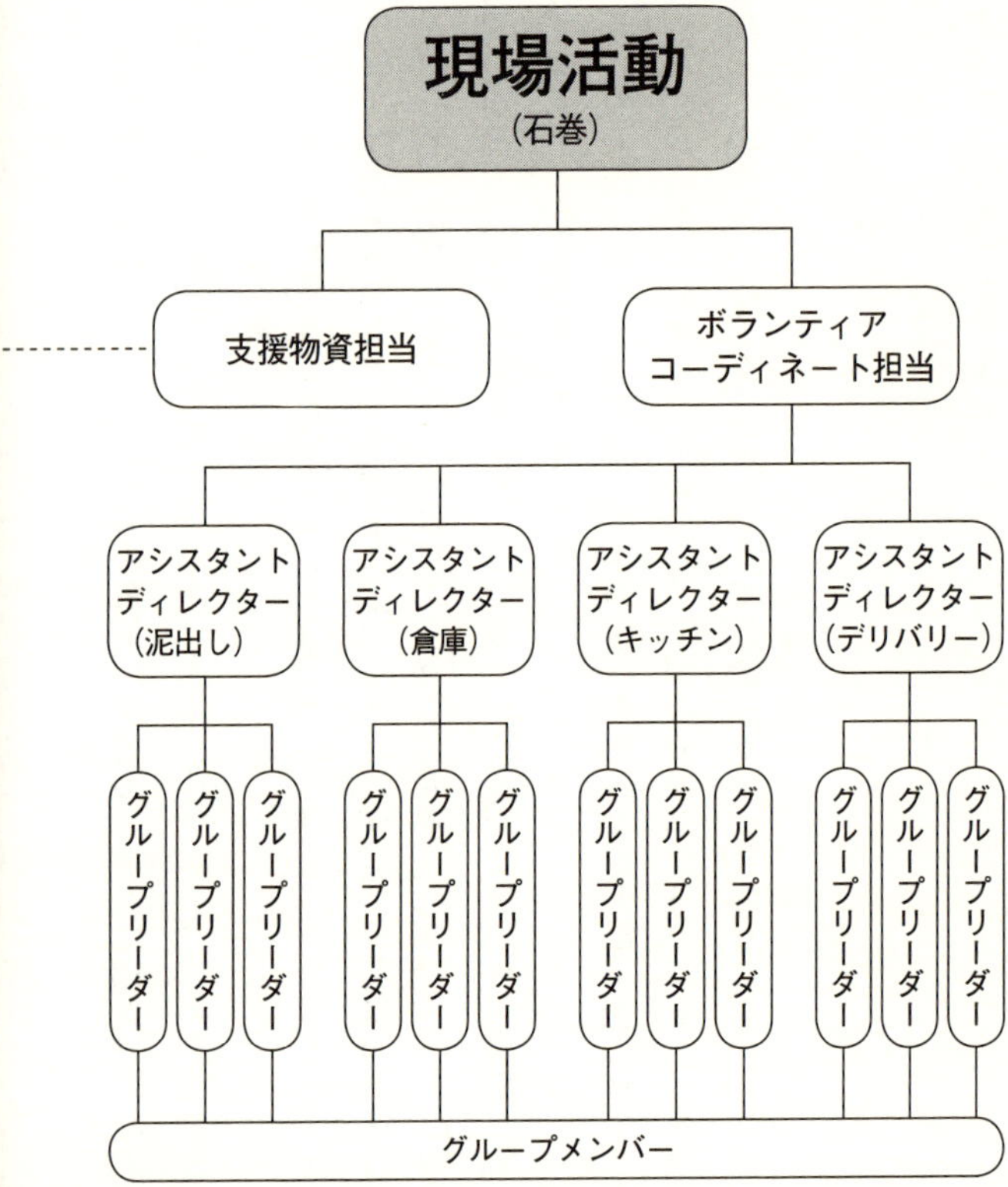
現場活動
（石巻）
支援物資担当
ボランティア
コーディネート担当
アシスタント
ディレクター
（泥出し）
アシスタント
ディレクター
（倉庫）
アシスタント
ディレクター
（キッチン）
アシスタント
ディレクター
（デリバリー）
グループリーダー
グループリーダー
グループリーダー
グループリーダー
グループリーダー
グループリーダー
グループリーダー
グループリーダー
グループリーダー
グループリーダー
グループリーダー
グループリーダー
グループメンバー

〈表Ⅱ〉ピースボート・災害救援組織図

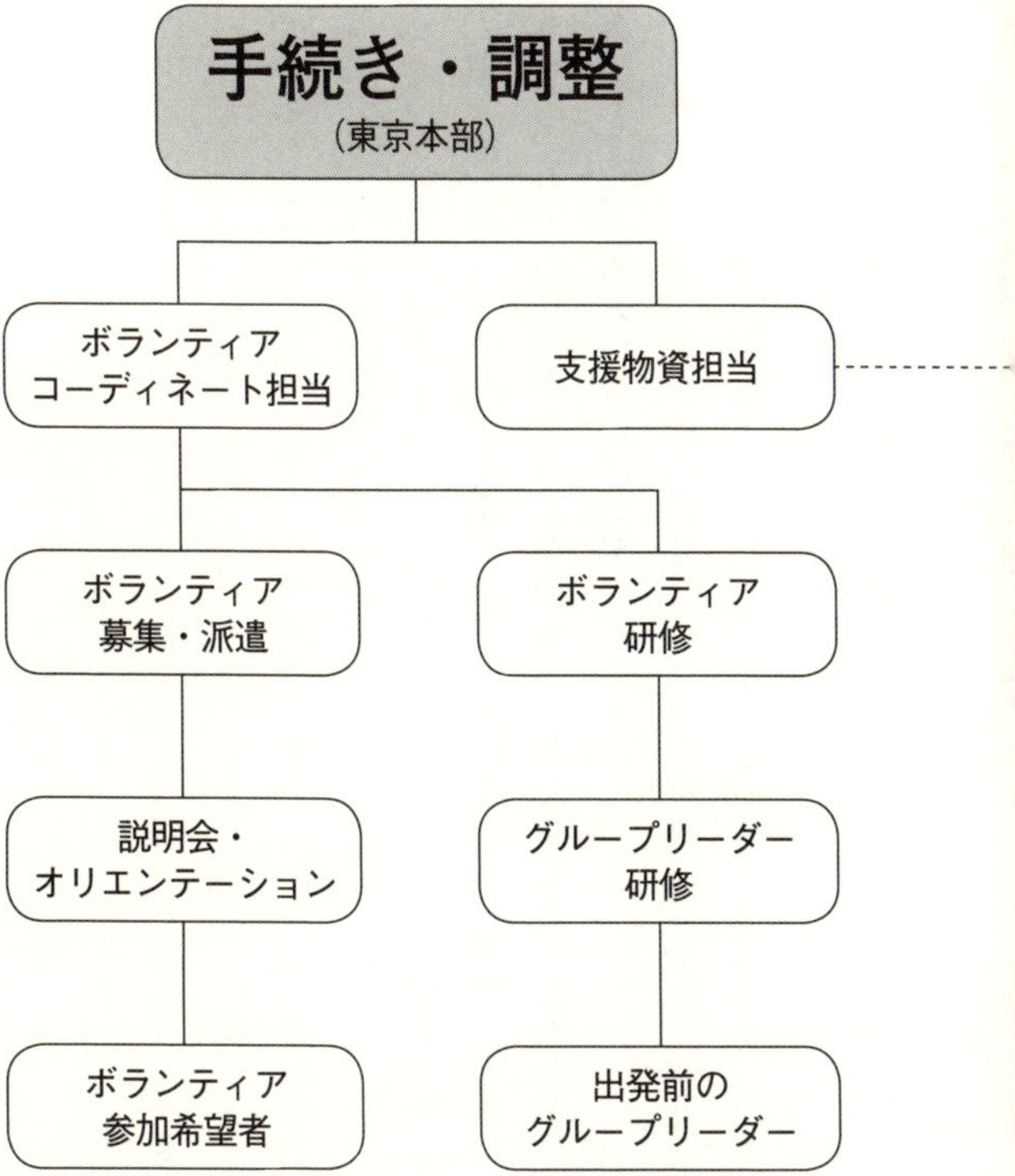

そのうち、①に関してはピースボートのこれまでの乗船者をはじめ、過去に問い合わせをしたことがある人が基礎となった。

「国際交流の船旅」に参加した、あるいは今後参加したいという層と、災害ボランティアに参加してもいいという層はほぼ一致した。自分自身が参加できない人は、寄付や物資を送るなどの方法で参加するそうだ。現在（9月）は7泊8日の長期ボランティアと、3泊4日から参加できる社会人向けの短期ボランティアを準備している。継続して社員ボランティアを派遣する企業にも積極的に声をかけた。

「待っていてはボランティアは集まらない」がピースボートの基本姿勢である。人員の確保のためには、積極的にボランティア説明会を設けて対応する。事実、ボランティアに行ってみたいけれども、どんな仕事を、どんな場所で、どんな人とやるのかが分からず、最初の一歩を踏み出せずにいる若い世代は大勢いる。

そういう「やりたいけど、一歩を踏み出せない」人を対象に、事前に被災地の現実とリスクを伝え、その上で、参加することでどれだけ被災地の人の役に立てるかを具体的に証明してあげることが説明会の目的だ。

ボランティアの自主性を待つのではなく、必要とする側からボランティアの確保に動く。

ボランティアをある一定期間、継続して派遣するという山本の「企画力」の原動力は、日本各地で行われるこのボランティアの説明会だった。

②に関しては、まず最大出費となる往復交通費を下げる努力をした。救世主となったのは千葉県にある「株式会社コスモスバス」。CSRの一環として従来の半額の料金でピースボートにバスを提供したのだ。地震発生当初から半年後の現在まで毎週2回、多い日には10台以上のバスが東京―石巻間を往復している。

また、石巻市内の借り手のない居酒屋と裁縫工場を改装して、ボランティア専用の「合宿所」を二カ所作った。地震発生当初は、大学のグラウンドでテント暮らしという環境だったが、現在はシャワーも食事も完備した。部屋も男女に分けられており、生活面の不自由さはない。作業に必要な装備や道具も全て貸し出してくれる。

現在、ピースボートの災害ボランティアは月に500人を募集。一人当たりの費用は、「1000円」。赤字分は寄付など活動経費で補填している。

現実を隠さない

次にボランティアの募集から出発、現地で実際に作業するまでを見てみよう。

ボランティア募集のための説明会は、毎週各地で行われる。スライドや実際に参加したリピーターなども登壇して、具体的に作業の内容や準備物などの説明がある。

途中、司会者が「重さ15キロの荷物を8時間運べますか?」と参加者に質問を投げかける一幕があった。「15キロの荷物」とは、側溝掃除で排出される、大量の水分を含んだヘドロの入った土嚢のことだ。さらに、当初は決して快適とはいえないテント生活やトイレの模様などを写真を交えて詳細に伝えていく。

「この状況でも行くという人は残って下さい」と呼びかけると、およそ100人の参加者のうち20人ほどが席を立った。

「刻々と状況の変わる被災地の現実を包み隠さず伝えます。最初にそのリスクも十分に伝えることで、本当にやる気のある人だけが残るという仕組みです」(ピースボート災害ボランティアセンター・合田茂広)

その後、休憩を挟んでチーム分けが行われる。被災地では、6人から10人が1チームとなって作業を分担する。無造作に分けられたチームの中から話し合いでリーダーが選出される。

リーダーが選出されると、その後のピースボート側からの連絡は、全てこのリーダーを通じて行われる。突然、その場で責任を負う仕組みなのだ。

この選ばれた「リーダー」が災害ボランティア成否の鍵を握る。

被災地への出発の当日、リーダーは半日ほど早く集合しレクチャーを受ける。中でも、専門の講師を招いて行われるセーフティレクチャーでは、「余震など緊急時の避難方法」「熱中症対策」「危険物の取り扱い方法」などが教えられる。

「このリーダーの役割は情報のシェアとチームの安全管理です。1チーム6人という人数は、これ以上増えると作業範囲が広がり、何かあった時に対応ができなくなります」

と、合田は説明する。

16年前、阪神大震災時には、山本もこのリーダーを体験した。

組織図に戻ろう。

各チームのボランティアリーダーとは別に、「アシスタントディレクター（AD）」というポジションがある。ボランティアリーダーを通じてボランティアチームを把握し、作業内容や地元の人との折衝などを担当する現場監督の役割である。この「AD」は元ボランティアで構成されており、現在はピースボート災害ボランティアセンターの期間限定の専従という立場の人もいる。元ボランティアなので、初めて参加する不安や疑問点などをよく理解している。

「AD」—「グループリーダー」—「グループメンバー（ボランティア）」の連携によって、避難時の誘導や、実際の作業現場で起こる予想もしないアクシデントに対応する。人数が増えるごとに「AD」の人数を調整し、時に700人を超えるボランティアを組織する。

これまで、ピースボートが担当してきた作業は「泥出し」「倉庫」「キッチン」「デリバリー」と大きく4部門に分かれる。

「泥出し」は言うまでもなく、個人宅や商店、市内の側溝などに溜まったヘドロや瓦礫撤去を担当する。

「倉庫」は先に紹介したように石巻専修大学にある野球部の屋内練習場を改造し、全国から寄せられる支援物資をはじめ、各団体が作業に使うスコップや一輪車など作業工具の管理をする。膨大な量の物資を仕分けし、作業道具は他団体も共有しているので、その貸し出し作業も行っている。

「キッチン」は炊き出しの調理を請け負う。1日2食、昼と夜との献立を考え、ピースボートだけで最大5000食の食事を提供していた。プロの調理師や管理栄養士などが所属している。

「デリバリー」は出来上がった炊き出しや、時には物資を車に乗せて、避難所や地域の炊き出しポイントまで輸送する。その後、ガスコンロなどで温めて被災者に食事を提供する。最大で20台の車が入れ替わりで石巻市内全域をめぐった。とくに、小回りが利くので、住宅街に取り残され、行政や自衛隊の手が届かなかった半壊家屋の居住者の多い地域で活躍した。

この他にも、津波で流された漁具の回収、ホタテや牡蠣などの種付け作業の手伝いなどを漁協と連携して行う「漁業支援」や、自衛隊から引き継いだ避難所での「風呂サービス」などを協議会に所属する他団体と協力しながら行っている。

大切な「情報共有」

刻々と変化する被災地の状況に対して、ボランティアはどう対応しているのか――。

ピースボートでは、作業現場で感じたこと、改善した方がいいこと、また、作業中に被災者から聞いたニーズなどの情報共有をやはりグループ単位で行っている。

一日の作業が終わると、グループごとに反省会を兼ねたミーティングを行う。そこでは、一日の作業の成果をやはり数字で報告し、同時に作業中に各個人が感じたことをグループ内でシェアし取りまとめる。

その内容を、グループリーダーがＡＤに報告。その後、ＡＤ同士が集まり各グループから上がった成果をまとめ、同時に改善点など、翌日の作業から実践すべきことを話し合う。この場には、全てのボランティアの取りまとめ役である災害支援コーディネーターの上島安裕も加わり議論を尽くす。

そして、必要と判断した場合は、すぐに朝に行われる全てのボランティアが参加する朝礼でシェアされる。これまでにも各チームのボランティアの現場での気づきが作業内容を進化させてきた。

「朝礼時にはラジオ体操をしよう。作業中の捻挫など怪我も回避できる」

「避難所暮らしの人にリフレッシュしてもらう目的で、バスを使った小旅行を実現させよう」

「家屋内での作業は危険を伴うので、ヘルメットと革製の手袋、釘の踏み抜き防止の安全靴を事務局で調達しよう」

これらの提案は、全てボランティアの声を拾い上げて実現したものだ。

時には全体の規律を守ることを優先するために譲れない選択もある。

ある時、あるボランティアから夜間の外出を許可してほしいと提案があった。昼間の活動を通じて知り合った地元の人に食事に誘われているという。

上島はこれを「了」としなかった。

「夜間の外出を認めないということは、『飲酒』を認めないということです。これは石巻専修大学に滞在していた頃からの約束なのですが、被災した地元の人により近い距離で今は生活しています。仮に飲まないとしても、一人の自由行動を認めてしまった途端に、全ての規律が乱れてしまう危険性があります」

しかし、そのボランティアは引き下がらなかった。ようやく再開した地元の飲食店でお金を使うことも支援のひとつだと言うのだ。確かにその訴えは、他のボランティアの気持ちも揺るがせた。そこで、上島はある提案をする。

「1週間の日程の中で、地元の商店街で買い物をする時間を作るのはどうですか?」

ボランティアも納得し、翌日から「買い物ツアー」が実行された。地元の人にも喜ばれ今では定番となっている。

ある時はボランティアからこんな意見が出された。

「ずっと倉庫整理をしているので被災地を見る機会がありません。それが仕事だとは分かっていますがなんとかならないでしょうか？」

明確な組織の役割分担がなされている一方、「現場を見たい」というボランティアの個別の思いも尊重しなければならない。しかし、限界はある。上島も困惑した。

「仕事だったら断るのは簡単ですが、ボランティアはあくまでお願いして来てもらっている存在です。肝心なことはひとりを特別扱いにするのではなく、参加する全員を念頭に対応を考えなくてはなりません」

そこで、作業終わりの時間を使って、実際に震災を体験した地元の人の話を聞く機会を設けた。これもボランティアの間では好評で現在も続いている。

企業の場合、末端の社員が会社の仕組みそのものを変えるというのは難しい。

しかし、「被災地に役立つ」ことを目的としているボランティアの場合、被災地の状況や現場の意見に応じて組織のあり方を改善しながら進化を続けている。「命令」ではなく、あくまで「話し合い」でというところがボランティアらしく清々しい。


国際的な受け入れ態勢は？

今回の震災では、世界最大級の「ＴＳＵＮＡＭＩ」が押し寄せたことで、世界の人々の視線は日本に釘づけとなった。当初、世界各国から日本に向けて国際救援部隊や国際ボランティアの申し出が殺到したが、日本の外務省はこれを積極的に受け入れようとはしなかった。

これまでこの規模の大震災が発生すると、国連や被害国の外務省が中心となってNGOやボランティアの受け入れを担う国際キャンプが設立されるのが通例だ。山本をはじめ、災害救援を行う国際NGO、NPOもまずはその窓口を頼って地元の調査に入る。

今回、日本政府はなぜ国際ボランティア団を積極的に受け入れなかったのだろうか。地震発生と同時に原発事故が発生した影響もあるだろう。しかし日本国内には国際ボランティアを受け入れる「受け皿」がなかったというのが正解だろう。とくに言語の壁の問題は大きい。

そんな中、ピースボートでは日本語を母国語としない国際ボランティアを積極的に受け入れた。時には東京の大使館を通じて、直接、国際ボランティア派遣の申し出や物資支援や寄付の相談が世界各国から寄せられた。

その時に活躍したのが「バイリンガルボランティア」だった。日本語の他に複数の言語を操り、ピースボートの地球一周の船旅では寄港地のオプショナルツアーや海外ゲストのアテンドなどで活躍した通訳のメンバーだ。また、洋上で行っている「英会話教室」の先生である日本在住の外国籍ボランティアも多数駆けつけた。

また、地震発生当初の「炊き出し」支援の際には、世界一周の船上で働いた経験のある調理人がボランティアとして応援に駆けつけた。

船上のレストランを支える厨房は、その規模も陸のレストランとは違う。

①一日1000人の食事を調理する

②船上なので使える食材が限られる

③何よりも「水」が貴重品である

船上の調理場では「大量炊飯」である。陸のレストランの場合、どんなに多くても一日に数百食が限界であるが、船上の場合①のように「一日1000食」は当たり前。この「大量調理」の経験はそのまま「炊き出し」の現場で役に立った。

②の「使える食材が限られる」という船の環境と、被災地はよく似ている。

船の場合、食材は日本や各寄港地で積み込むのだが、旅も後半になると当然ながら使える食材は限られてくる。とくに「野菜」は貴重品だ。船の業界では「青菜を切らすシェフはダメシェフ」という言葉があり、野菜をどうやって長期保存させるかもシェフの技量のひとつとされた。この技術は冷蔵庫のない被災地でも役に立った。

③も分かりやすい。船上も被災地も「水」は何よりの貴重品だ。水をどのように切り詰めて調理をするのか、また、食器や調理道具などの洗い物をいかに減らすか、船ならではの経験が被災地で生きた。

第7章　石巻モデルの教訓

緩やかな連携

多くの被災地と同様、石巻の復興はこれから本格的に始まる。被災者が歩む道のりは厳しく長いであろう。ただ、少なくとも震災直後からここまでの石巻は、「ボランティアで蘇った町」と言えるだろう。阪神大震災時、「神戸」という町を舞台に「ボランティア元年」という言葉が生まれたように、「石巻」も東日本大震災の記憶と共に日本の災害ボランティアの歴史に名を残すだろう。しかし、これだけの大災害が現実に発生した以上、次に危惧される東南海地震、首都圏直下型地震に対する備えを怠ってはならない。とくに災害時に全国から集まるボランティアをどのようにして受け入れ、行政と連携して復興に当たるか。その具体策を石巻から学ぶ必要がある。

そのヒントになるのが、やはり山本隆や伊藤秀樹らが作った「石巻災害復興支援協議会」の存在である。これは、個人ボランティアを受け入れる社協の災害ボラセンと並列して、企業やNGOなど団体の受け皿を作るという災害時の「仕組み」である。すでに述べた部分も含め、さらに考えてみたい。

今回の大震災をきっかけに、日本では数多くの災害救援NGOやボランティア団体が組織された。第4章で記したように、大手企業がCSRの一環として物（物資）や金（寄付）だけでなく、人（企業ボランティア）を派遣する文化も根付いた。次の震災時には、そんな彼らの経験が大きく生かされなくてはならない。

その際、社協が運営する「災害ボラセン」だけでは、独自のスキルに長ける企業や団体の受け皿となるのは難しい。

社協は、社会福祉活動を推進することを目的として設立された民間団体だが、行政の外郭団体としての性格が色濃い。優先されるのは支援の公平性であり、支援の内容は確実に「限定」されるだろう。

具体例として避難者への「炊き出し」が挙げられる。

今回の大震災では、物流の大動脈である東北道が大地震によって寸断され、太平洋沿岸の港は津波によって壊滅状況に追いやられた。その結果、地震発生から2週間が経過しても、ガソリン、水、食料などの確保が困難を極めた。

これらの情報がメディアによって全国に配信されたことで、被災地には全国から「炊き出し」など食料支援のボランティアが殺到した。

実はこのタイミングで、「宮城県災害・被災地社協」は、炊き出しを希望するボランティアに対し、以下のような案内をインターネット上に掲示している。

〈連日、たくさんの方々から「炊き出し支援」の申し入れをいただいておりますことに、心より感謝を申し上げます。

皆様のお力を被災者の皆様へ出来る限りお届けしたいと思っておりますが、一方で、被災者に対する食の提供はデリケートな問題も含んでおります。原則的には、被災者への食事提供は市町村行政の責任により行われるものです。自衛隊の炊き出しも、地元行政の要請に基づき実施されているものであり、特に避難所では行政の責任の元に提供されるものです。

したがって、ボランティアによる炊き出しも基本的には行政の了解や確認、実施における市町村災害VCとの役割分担が不可欠になり、調整までに時間を要します。

お問い合わせの中には、食材等をすでに準備され、短い日程で現地の受け入れ調整を依頼されてくるケースもあります。最低限の調整をしないまま実施をしてしまいますと、行政による提供バランスや、地域のコミュニティにおける支援の関係性を壊してしまうことも考えられます。

現在、直接被災地へ入り、避難所等で炊き出しを実施されている方々もいらっしゃいますが、被災地への全体的な支援を視野に入れて、ご支援いただきますよう、お願い申し上げます〉（宮城県災害・被災地社協等復興支援ボランティアセンターホームページより抜粋）

この文章を読む限り、社協は炊き出しを希望するボランティアの受け皿には、積極的にならなかったことが分かる。しかし、この時点で肝心の行政は機能不全を起こし、石巻市内では満足に食事が行きわたらない地域もあった。

被災時に食べるものがないというのは、体力的にはもちろん、精神的にも被災者を追い詰める。

先進国であるはずの日本で、地震発生から3週間が経過しても満足な食料が被災者に行き届かない。そんな現実を前に、社協の融通の利かなさは歯がゆくも思えた。

受け入れ先のないまま被災地に集中したボランティアは自己判断で炊き出しを開始する。しかし、「水の調達ができない」「道1本を挟んだ場所で自衛隊が同じメニューの炊き出しをやっていた」「本当に支援を必要としている地域が分からない」など、トラブルが続出する。

奏功した役割分担

そんな中、石巻社協の対応は違った。過去の災害支援でも実績があり、当時、ボラセンの手伝いをしていたピースボートに炊き出しの調整を打診したのである。

この決断は、後に「英断」だったと評価される。なぜならば、この時すでに、災害ボラセンには炊き出しを希望するボランティアからの問い合わせが殺到し、直接、食糧と調理道具を積んで車で乗り付けたボランティアの姿もあったからだ。

一方的に「できない」「役割が違う」と言うのではなく、建設的にその業務を他団体に割り振る。石巻市社会福祉協議会総務係長の阿部由紀は取材に対し、「社協の限界が、災害救援の限界であってはならない。目の前に横たわる石巻の被害状況が、それを許さないことは十分に理解していました」と回答した。石巻ではこの役割分担が奏功した。

炊き出しを希望するボランティアの調整をピースボートが担当し、その後、設立された協議会では炊き出しの分科会が設けられた。毎日およそ1万食から2万食が複数の団体によって提供され、自衛隊と共に石巻市における食糧支援の一翼を担う存在になった。

なぜ、社協は炊き出し支援のボランティアを受け入れなかったのか——。

取材を進めるうちにその理由が分かってきた。

そもそも、阪神大震災の際には、被災地におけるボランティアの受け皿そのものがなかった。その教訓から作られたのが災害後に立ち上がる「災害ボランティアセンター（災害ボラセン）」である。

しかし、自然災害は「いつ、どこで、どの程度の規模」で発生するか分からない。「万が一」への備えとはいえ、日常的に災害の予防というだけでは事業を成立させるのは難しい。そこで白羽の矢が立ったのが社会福祉協議会（社協）だった。

通常時は福祉事業を通じて、地方自治体と深い関わりを持ち、いざ災害が発生した場合は、災害ボラセンを立ち上げて行政と連携し支援に当たる。災害時の対応は、ボランティアマニュアルとしてまとめられ、毎年、全国の社協職員がそのトレーニングを受けてきた。

その基本構造が、被災者からのニーズに対して、訪れた個人ボランティアをマッチングさせ解決を図るという仕組みだ。この場合、支援の具体的内容は社協が決定する。たとえ現場が必要としていても、社協の範疇《はんちゅう》を超えた支援は難しい。大手NGOの中には、そんな社協の対応そのものを官僚的だと敬遠する向きもある。

しかし、阪神大震災から今日に到るまで、日本各地で発生した局地的災害時のボランティアの受け皿は社協が担って成功を収めてきた。

また、社協の本質的な強みは、社会福祉事業と通じて地域の高齢者や障害者など、社会的弱者と呼ばれる人々と日常的に親交があることだ。災害時、地域のどこに、最も手助けを必要としている人がいるのかを正確に把握している組織は他にない。

この地域密着型の支援は、災害発生をきっかけに被災地入りした「よそ者」にはとうてい成し得ることはできない。

しかし、今回の大震災はこれまでの「局地的災害」の想定を大きく覆した。被災地にある社協そのものが被害を受け、職員もまた被災者となった。そして、その災害の規模に比例するかのように被災地にはボランティアが殺到した。

先述のように支援団体も新たに誕生した。次回以降の災害時には、好むと好まざるとにかかわらず多くの団体が被災地に集中するだろう。

そのためにも、災害時のボランティアの受け入れ窓口は複数あることが望ましい。

社協が運営する「災害ボラセン」と、NGOなど団体を受け入れる「協議会」的な組織が、緩やかな合意の上に連携することで、より多角的な支援が被災地では可能になるであろう。

とが挙げられる。

「石巻モデル」の成功の秘訣として、ボランティアにとって居心地のよい環境を作ったことが挙げられる。

今回は石巻専修大学がボランティアの拠点となり、時には2000人を超えるボランティアが宿泊した。ボランティアの拠点として大学を開放するという防災協定は、大学機能をどのように地域に還元するのか、非常時の大学の役割を考える先進的モデルとなるであろう。

平時から「受援力」を鍛えよう

災害発生時、外からの支援を被災地が上手に受け止める力を「受援力」と呼ぶ。

今後の災害に向けては、被災地となる可能性のある日本各地の自治体が、この「受援力」を平時から鍛錬しておくことが必要だ。

今回の災害では、「自己完結」「自己責任」とボランティアに対する心構えがネット等には氾濫した。ピースボートのボランティア説明会でも、何度も登場した言葉だ。

確かに、被災地に負担をかけないために、食糧や水、雨具や防寒具などは自己手配するのは当たり前である。また、ボランティアが「自発的な活動」であるように、自主性と、自己責任での行動が重んじられることは言うまでもない。

しかし、ボランティアに参加する側に変化を求めると同時に、ボランティアを受け入れる被災地側の変化もまた重要だ。「石巻モデル」の例で考えると、ボランティアにとって居心地のよい環境を作った最大の決め手は「宿泊場所」と「トイレ」の確保である。

今回、多数のボランティアを受け入れるために用意されたのは、大学のグラウンドという広大な敷地であった。しかし、このような場所がある地域ばかりとは限らない。

現在、災害が起きた時に自分がどこに避難するのかという「避難所」が議論となっている。同じように、被災時にボランティアを受け入れる専用の「宿泊場所」を行政が指定するのはどうだろうか。これは、まさに石巻専修大学と石巻市との間に交わされた「防災協定」が参考になる。この構想には、行政はもちろん、地域の大学など教育・研究機関と産業界が連携し「産学協同」で立案することが望ましい。

前述のように、阪神大震災では一部のボランティアが酒に酔って暴れたり、夜通し騒いだりしたことが「ボランティア迷惑論」を生んだ。今回は、宿泊場所が大学構内だったこともあり、生活面のルールは全て大学側に従った。

このように、大学などの教育機関を利用することで、ボランティアの生活面にも規律が生まれ、1000人規模での集団生活もスムーズに運営されることが証明された。「トイレの確保」も忘れてはならない。いくらボランティアを受け入れても、トイレがなければその機動力は目に見えて低下する。

今回、分かったことは、災害時に活躍する工事現場用の仮設トイレは、地震発生直後に、次に来る仮設住宅建設のために差し押さえられてしまう。被災地周辺のホテルも同様だ。「石巻モデル」では、山本の機転で大規模な野外音楽フェスを企画する民間団体から10台以上の仮設トイレの提供を得た。しかし、もしこれが実現していなければ、1000人規模でのボランティアの滞在は不可能だっただろう。

また、それ以前の話ではあるが、「ボランティア」の意味、役割を、各地の自治体は地域住民に対して啓蒙しておく必要がある。

阪神大震災以降、ボランティアという言葉は一般化され、様々な形のボランティアが日本社会には根付いたように思われている。しかし、現実にはまだまだ知られていない。今回の被災地である東北地方でも、そもそもボランティアという言葉の意味を知らない人に多数出会った。それに加えて「NGO」「NPO」という聞き慣れない横文字が加わると多くの高齢者は思考停止してしまう。

外からの支援を上手に受け止めることは災害復旧の速度にもつながる。災害時にボランティアはやってくる。いつ誰の身に災害がふりかかるか分からない以上、常日頃からボランティアの性質と行動をよく把握しておく必要がある。

ロジスティックスに長けた企業との連携

今回の大震災では、行政やボランティア以上の機動力を発揮した企業が続出した。

ある企業の役員は、

「社員の中に潜在的にあった、誰かを助けたいという気持ちが、東日本大震災を前に顕在化し、その思いを受け止めなくては、企業そのものから優秀な人材が流出する可能性があった」

と取材に答えた。ここで言う「優秀な人材」とは、ボランティアを志願する人を指す。

また、ある企業の社長は、

「この大震災に関わるのはある意味で勲章だと思う。10年後、自分の人生を振りかえった時、あの震災の時に行動を起こさなかったと後悔しないようにしたい。できる限り、社員にも現場を体験してほしい」

と語っている。

いずれにしろ、ある程度の社会的立場を有している企業のトップは、この大震災に対してなんらかのコミットをすることが企業の社会的責任だと考えたであろう。また、社員は自らが所属する企業が、どんな選択をするのか、震災を通じて自分と会社の関係性を考えたに違いない。

そんな企業の中でも、第4章で紹介した「モンベル」が作った「アウトドア義援隊」は、まさに「自己完結」を地で行く災害支援のプロフェッショナル集団だった。

同社会長の辰野勇は、冒険家でもあり、「自分の身の安全を確保した上で人を助ける」という哲学の下、被災地の外にある山形県天童市に拠点を構えた。福島原子力発電所の事故に対処する意味あいもあった。

確かに原発事故は進行していた。

今回、被災地に入ったボランティアの中で、万が一の原発事故に対しての予防をしていたのは私が知る限り辰野しかいなかった。「万が一に備える」ことは、企業でいうリスクマネジメントである。

その極意は想像力であると、ヨーロッパアルプスなど世界のフィールドに足跡を残してきた辰野は語った。

また、厳寒の劣悪な環境の中で、ボランティアがテント生活を送る中、宮城県仙台市から車で40分ほど走った天童市で対照的な暮らしぶりをしていた。県境ひとつ隔てただけで、生活インフラは問題なく、温泉に入ることもできた。被災地の中ばかりに関心が集まるが、被災地の周辺に拠点を作ることで、同じボランティアでも機動力は格段に違っていた。

また、「緊急時にライフジャケットになるクッション」も開発した。

このような、震災ボランティアを通じて得た体験を、今度は自らのフィールドに還元し、新たな商品やサービスを開発するのが企業ボランティアの意義であり使命ではないか。

ボランティアも、企業が持っている独自技術を災害支援の現場に積極的に取り入れる必要がある。しかし、この場合も、やはり社協の災害ボラセンだけでは受け皿としては不十分だ。

例えば、建設会社など重機や特殊車両を操る技術は、地震、豪雨、津波、どんな状況の災害時にも大きな力を発揮する。企業には必ず「特化したスキル」があるのだから、何も一般ボランティアといっしょにスコップを持たせて手作業で泥かきをさせる必要はない。

そのためには、やはり「協議会」のような仕組みの中で、社協とも緩やかに連携しながら、企業には災害支援の新たな機能になるような知恵とアイデアを提供してもらうのがいい。

具体的に解決する集団

行政との連携を決定づけたのは、石巻市の災害対策本部会議（災対会議）に、ボランティア代表として伊藤と山本が参加したことだ。

この決定をした市長の亀山紘は、自治体の長である市長の決断があれば、日本各地、どの自治体においてもボランティアの代表を災対会議に出席させることは可能だと語っている。

しかし、そのためにはボランティアが「具体的に物事を解決できる機能」を持ち合わせていなければ災対会議に入る意味はない。

協議会が単なるネットワーキングの場で終わらなかったのは、圧倒的なボランティアの数「マンパワー」を背景に、自衛隊や行政にも負けない機動力を発揮した集団へと変貌を遂げたからである。「地元の伊藤」と「よそ者の山本」という異なる背景を持った2人のパーソナリティがその仕組みを支えたのは言うまでもない。

ボランティアは今まで、「任意」と「善意」という二つの言葉に集約されてきた。ボランティアは、その活動によって得られる「具体的な成果」よりも、「参加することの意味」が重視され、ボランティアが物事を解決する「機能」として社会的責任を伴って語られたことはない。災害ボラセンに集まる個人ボランティアもあくまで「任意」である。これは、ボランティアを組織する団体もしかりで、「自主性」「自発性」を優先するあまりボランティアの「責任」は常に曖昧にされてきた。

その具体例が「ニーズ調査」という仕事である。

ボランティアの現場には「ニーズ」という言葉がよく使われる。被災者のニーズ、つまり「要望」である。社協の災害ボラセンでは、この要望に対して、「ニーズ表」というものを書き起こし、それに基づいて災害支援を行うのが通例だ。

ただし、この場合の「ニーズ」というのは、例えば「泥出し」「家屋の清掃」といった、ボランティア側があらかじめ提示した課題に対する要望であって、被災者が個別に抱える差し迫った個別事情ではない。この「ニーズ」という言葉の使い方を間違うと、被災者とボランティアの信頼関係が大きく損なわれると山本は言う。

「ある団体がニーズ調査として、避難所にいる被災者の要望を個別に聞いて回ったそうです。しかし、その団体は確かにニーズ調査をしたのですが、それに対して具体的解決を図りませんでした。そのまま、こんな声がありますと行政に丸投げして終わってしまったというのです」

しかし、本当の意味での被災者の「ニーズ」というのは、「当座の生活費がない」「高齢者の親を抱えているが入院費用の当てがない」「生活再建したいが就職先がない」など、一ボランティアが解決できるようなものではない。

「ボランティアと被災者の関係というのは、過度の期待をさせてはいけないのです。個別のニーズを拾えば被災者は明らかに期待を寄せます。しかし、結果として何も解決されないケースが多いのです。この繰り返しが被災者を疲弊させ、ボランティアに対する疑心を生む原因になるのです」

山本は、「ニーズ調査」は大切なことだが、それをやるボランティアは、その後の解決までを責任として果たすべきだと語っている。逆説的に言うと、解決のできない、必要以上のニーズ調査はやるべきではないというのが山本の考えだ。

「ボランティアは物事を具体的に解決する集団。当然、責任も生じる」

ボランティアが行政と連携し、本当の意味で災害時の「機能」となるためには、この具体的な解決能力が必要不可欠なのだ。そのためには、災対会議で負った責任を全うし、毎日の成果を具体的に「数字」で発表する必要があったのだ。

復興はこれから

「石巻モデル」に参加したボランティアを取材していると、かなりの確率でリピーターに出会う。中には、「石巻が第二の故郷になりました」と語る若者もいて、今後石巻に定住するという話も聞こえてくる。

9月現在、石巻の状況は、最大時5万758人いた避難者も1506人にまで落ち着き、その多くは自宅や仮設住宅に移り住んだ。それに伴い、現在では炊き出しも一日に1300食までに減り、個人宅の瓦礫撤去やヘドロの掻き出しも10月で完了する予定だ。

町は被災直後と比べると驚くほどに生活の「色」を取り戻し、町の商店には人々の姿が戻ってきた。しかし、それは表通りから垣間見る人々の表情であり、現実には「生活再建」という重い課題が石巻で暮らす全ての人にのしかかっている。

そもそも、大震災以前も石巻は日本の地域が抱える、典型的な「過疎」の問題に直面していた。郊外に誕生した大型ショッピングセンターの台頭で、石巻の繁栄の象徴だった市街地の商店街はシャッター街へと変貌した。

　今回の大震災では、皮肉にもそんな郊外は無傷だった。対照的に沿岸部に近い旧市街がおよそ5メートルの津波に襲われ半壊状態に陥った。このまま町そのものが無くなってしまった方が楽ではないか――ひたむきに瓦礫を片付けるボランティアの背中を、心が折れそうになりながら見つめていた地元の人は多いのではないか。

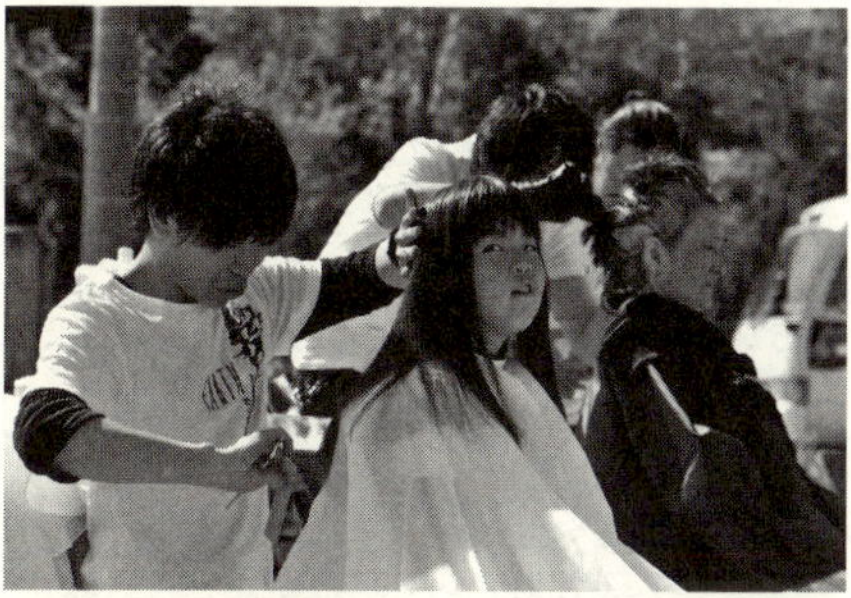

石巻市北上町の避難所で5月、埼玉県内の美容師たちが「青空美容室」を開いた。「さっぱりした」と多くの人たちが笑顔を見せた。復興へ向けて、これからボランティア活動の内容も変わっていくことだろう

　町は、そう簡単に「復興」とか「再起」とか口にできないほど無残な姿に変わり果てていた。とくに強烈なオイル臭を放つヘドロや汚泥は、必死の思いで復興へと奮起しようという被災者の気持ちを萎《な》えさせた。

　しかし、そんな時にやってきたのが見ず知らずのボランティアだった。

　何気なく手伝いを頼むと、自宅になだれ込んで

〈表Ⅲ〉石巻災害復興支援協議会がまとめたボランティア実績

月	ボランティア人数	炊き出し		泥出し
		食数	団体数	完了件数
3月	1,601	30,880	31	0
4月	16,895	312,890	456	936
5月	21,054	201,179	406	1,212
6月	22,923	131,192	289	697
7月	19,510	69,236	198	415
8月	18,863	40,869	203	327
9月	8,847	16,075	61	101
合計	109,693	802,321	1,644	3,688

登録団体数：309団体（2011年9月15日現在）

いた流木や瓦礫、汚泥をわずか2日で取り除いてくれた。もちろん何もないガランとした部屋だけが残ったが、ここからだったらやり直せるかもしれないと勇気が湧いてきたと語る被災者は多かった。

大げさに言えば「救世主」だったと。

伊藤秀樹はそんなボランティアと被災者が、再び石巻で出会える仕組みを作りたいと考えている。自分たちがマイナスからゼロにまで戻したと自負する石巻の街並みを再び訪問するきっかけを作ろうというのである。

「この町に仮に10万人のボランティアがやってきたとして、彼らが一年に一回来てくれれば単純計算で10万人の観光客がこの町にやってきたことと変わりありません。その上、被災下で出会った地元の人々に出会うという目的のある『里帰り』ですから、なおさら石巻のためになると思います。他の人がどう思うかは分かりませんが、私はそういう思いで、携わってくれたボランティアを出迎えたいと思っています」

これからは「地元」の出番である。

ボランティアを「一時的な労働力」ではなく、復興後もその町のサポーターであると発想を転換すれば新たなマーケットも生まれる。そのためには、未来に向けたボランティアと被災者の有機的なつながりも必要となる。伊藤の言葉はこう続く。

「地元の社協はこれからが本番です。生活再建に向けて被災者に寄り添った支援を展開しなければならない。協議会は、ボランティアと地元をつなぐ、もしくは石巻とその他の町をつなぐポータル（玄関口）となりたいですね。もちろん、大きな震災があればすぐに応援に駆けつけたいと思っています」

事実、7月末に新潟と福島を襲った集中豪雨、そして9月に紀伊半島で記録的な被害を出した台風12号の際には、伊藤秀樹は自ら重機を積んだトラックで、現地入りを果たしている。

あとがき

1978年に大ヒットした渡辺真知子の『かもめが翔んだ日』という歌をご存じだろうか。歌詞にこんな意味の一節がある。

「人は悲しくなると海を見つめたくなる。きっと涙が消えると思うから――」

私はこの歌が、石巻湾を見下ろす「日和山」で出会った人々の姿とダブって仕方なかった。震災後、人々はたたずんで、海をみつめていた。遥か昔から海に生活の糧を求め、海と共に暮らしてきた石巻の人々だからこそ、数千人もの人命を奪った憎しみの海であっても、凝視し続けるのだろう。涙は本当に消えるのだろうか――。無造作に過去という闇に流れ去って行く時間と懸命に対峙せざるをえない被災地の人々の心情を、歌詞は痛いほど表しているように思えたのだ。

私がこの歌声と出くわしたのは、被災から5カ月ほど経過した石巻の夜の繁華街であった。

　ポツリ、ポツリとネオンの灯りだした街の路地裏に、この歌をカラオケにあわせて唄う年配女性の伸びやかで潑剌とした声が響いていた。

　私はその声に惹かれて一軒の店のドアを開けた。

　わずか数坪程の狭く薄暗い店内に客の姿はなかった。被災後、ようやく店を再開させたという、私の母親世代のスナックのママがその声の主であった。彼女は震災後の自身の身の上話をユーモアも交えながら洗いざらい話してくれた。

　女手ひとつで切り盛りしているというこの店もまた、大阪から来たというボランティアの大学生に掃除を手伝ってもらったという。幸いにも沿岸部から距離があったので、店内に土砂や瓦礫が流れ込むことはなく、膝上の浸水で済んだ。店の壁にその時の水位の跡が今もくっきりと残っている。

「けれどもね、ボランティアの人にキレイにしてもらっても、もともとこの場所はシャッター通りなんだよね」

　彼女はボランティアには感謝していると話しながらも、ひょっとしたら年内でこの店を閉めるかもしれないと少し弱気な表情を見せた。

その一言にはリアリティがあった。

私の目から見ても明らかに、町の主役は「ボランティア」から「被災者自身」へと戻っていた。この半年で石巻に駆けつけた10万人ものボランティアは、町の復活の手助けをしたという間接的な意味では町の当事者だった。

しかし、「ボランティア後」の石巻の主役は間違いなく地元の人々だ。

そんな中、協議会の伊藤秀樹は社協と協力しながら、仮設住宅など生活再建の分野での新たなボランティア活動の枠組みを模索していた。ピースボートの山本隆は次なる災害に向けて、災害ボランティアリーダーの育成をこの地で計画している。

いずれにしろ、山本が地震発生当初に語った「ある一定期間、ある一定数のボランティアを継続的に派遣する」という計画は成功したと言っていいだろう。

なぜ、石巻が突出して多数のボランティアを受け入れられたのか。その背景には「石巻モデル」に尽力した多くの人々の決断と創意工夫があった。

そしてもうひとつ。

「港町・石巻」には、「よそ者」を惹きつけて止まない不思議な磁場のようなものが存在するような気がする。それはこの町が、江戸時代から続く世界に開けた国際貿易港であることと無縁ではないだろう。牡鹿半島の付け根に位置する「万石浦」という汽水湖の橋の欄干には、今からおよそ４００年前に帆船でこの地からローマをめざした支倉《はせくら》常長《つねなが》率いる「慶長遣欧使節団」の姿が描かれている。

世界を巡り、常に新しい文化の息吹を吹き込む「風」側の人。一方、地元に根を張り、その土地固有の文化を守り育む「土」側の人。この全く異なる二つの人種が交わる場所には人を惹きつける「風土」が存在すると沖縄のある建築家が語っていた。

奇しくも世界80カ国以上の港を船で巡り、国際交流や災害支援を行ってきた山本と、石巻に生まれ、地元のために働いてきた伊藤という異なる立場の「人種」の出会いが「石巻モデル」を誕生させた。

この本の執筆に当たっては本当に多くの人にお世話になった。

中でも、ほぼ「密着」状態で取材をさせていただいたピースボートの山本隆さん、石巻災害復興支援協議会の伊藤秀樹さん。「石巻モデル」に参加されている多くのＮＧＯやボランティア、行政、大学関係者の皆様には心から感謝を申し上げる。

そして、この本を出版するきっかけを作って下さった『ＡＥＲＡ』副編集長の浜田敬子さん、朝日新書編集長の首藤由之さん、担当編集者である福場昭弘さん、数多くの写真をお貸しいただいたフォトグラファーの上野祥法さんにも合わせて感謝を申し述べたい。

私もこの取材を通じて、石巻という土地について浅からぬ縁を感じるようになった。今後もこの港町に足繁く通い、「ボランティア後」の町の行く末についても定期的に取材しようと思っている。いつしか私も石巻を訪れる度に「ただいま」と心の中で語りかけるようになっていた。私の故郷でもないのに——。

石巻は懐が深く優しい町なのである。

この町の復興なくして3・11後の日本の復興はないと心に刻んで、このあとがきを結ぶとしよう。

中原一歩

2011年9月末日

参考文献

岡田益男『東北開発の第一鍬』河北新報社
田中優『幸せを届けるボランティア　不幸を招くボランティア』河出書房新社
村井雅清『災害ボランティアの心構え』ソフトバンククリエイティブ株式会社
レベッカ・ソルニット『災害ユートピア　なぜそのとき特別な共同体が立ち上がるのか』亜紀書房
ピースボート編『こんなに素敵なピースボート！』ユビキタスタジオ
『ＡＥＲＡ』「ボランティアの理想と現実　熱意を形にした仕組み」２０１１年5月23日号、『ＡＥＲＡ』「ボランティアで企業が変わる」２０１１年8月15日号、『ＡＥＲＡムック』「被災地の武器となったiPad」２０１１年6月29日号。いずれも中原一歩・執筆

■データ
一般社団法人「石巻災害復興支援協議会」
〒９８６－８５８０　宮城県石巻市南堺字新水戸1番地　石巻専修大学5号館１Ｆ
Ｔｅｌ　０２２５－９８－３６９１　Ｆａｘ　０２２５－９８－３６９２
E-mail:ganbappe@gmail.com
http://gambappe.ecom-plat.jp/

一般社団法人「ピースボート災害ボランティアセンター」
〒169－0075　東京都新宿区高田馬場3－13－1－B1
Tel　03－3363－7967　Fax　03－3362－6073
E-mail:kyuen@peaceboat.gr.jp
http://pbv.or.jp/

中原一歩 なかはら・いっぽ

1977年、佐賀県出身。ノンフィクションライター。高校時代に家出をしてラーメン屋台で調理・接客修業をする。同時に、地方紙などで「食と地域文化」の原稿を執筆。上京後、世界各地を放浪。アマゾンから南極、アフガニスタンの戦場まで訪問国は80カ国に及ぶ。現在、「人物」「世代」「環境」「食」をテーマに「AERA」などの週刊誌で執筆活動中。

朝日新書
322

奇跡《きせき》の災害《さいがい》ボランティア
「石巻《いしのまき》モデル」

2011年10月30日第1刷発行

著　者　中原一歩

発行者　市川裕一
カバーデザイン　アンスガー・フォルマー　田嶋佳子
印刷所　凸版印刷株式会社
発行所　朝日新聞出版
〒104-8011　東京都中央区築地5-3-2
電話　03-5540-7772（編集）
03-5540-7793（販売）

Published in Japan by Asahi Shimbun Publications Inc.
ISBN 978-4-02-273422-8
定価はカバーに表示してあります。

落丁・乱丁の場合は弊社業務部（電話03-5540-7800）へご連絡ください。
送料弊社負担にてお取り替えいたします。